FACE
frisch

KOC

HEN

Nils Egtermeyer

EINFACH
frisch
KOCHEN

60 Rezepte für
puren Genuss

südwest

INHALT

VORAB

Kochen beginnt da, wo das Rezept aufhört (Vorwort)	6
Weniger ist mehr – so ist meine Küche	8
Die Produkte sind die Stars	9
Must-haves für die Küche	9
Gut vorbereitet ist halb gekocht	10
In den Kühlschrank geschaut	10
Kauf von Fisch und Fleisch: Frische ist hier oberstes Gebot	12
Qualität bei Fisch und Fleisch kann man schmecken	12
Welches Fett wofür?	13
Frittieren – aber richtig	13
Auf die richtige Würze kommt es an	14
Woran erkenne ich gutes Olivenöl?	18
Was wiegen Obst und Gemüse?	19

REZEPTE

Suppen und Salate	21
Klein und vorab	49
Vegetarisch und Co.	83
Fleisch und Geflügel	101
Fisch und Meeresfrüchte	125
Cremig und süß	143

ANHANG

Menüvorschläge	164
Glossar	168
Rezeptregister von A bis Z nach Kapiteln	172
Rezeptregister von A bis Z	173
Über Nils Egtermeyer	175
Dank	175
Impressum	176

KOCHEN BEGINNT DA, WO DAS REZEPT AUFHÖRT

Unkompliziert zu genießen heißt für mich, frisch und einfach zu kochen. Und dabei ist weniger mehr – dieses Motto gilt für mich vor allem in der Küche. Geradlinig sollte sie sein und ohne zu viele Schnörkel. Denn es hilft ungemein, sich in der Küche auf das Wesentliche zu konzentrieren.

Doch was ist in der Küche das Wesentliche? Für mich ist es zunächst die Arbeit mit wenigen, aber dafür ausgesuchten, qualitativ hochwertigen Produkten – davon erzähle ich Ihnen später in der Einleitung noch mehr. Ich finde es wichtig, in der Küche mit Kreativität und Leichtigkeit ans Werk zu gehen, vor allem, ohne dabei verbissen zu sein.

Vielleicht sagen Sie jetzt: „Nils hat gut reden, der hat das ja auch gelernt!" Stimmt, das habe ich und ich hatte bisher die Chance und das Glück, schon in diversen sehr guten (Sterne-)Küchen mein Können unter Beweis stellen zu dürfen. Das ist mir auch darum so gut gelungen, weil mir die Arbeit als Koch leichtfällt. Und Dinge, die einem leichtfallen, machen Spaß. Das ist es, was zählt: Viel wichtiger als die perfekte Technik zum Zwiebelschneiden ist die Leidenschaft, mit der Sie das Produkt behandeln. Damit und mit etwas Übung kommen Leichtigkeit, Spaß und Flexibilität. Und genau diese Voraussetzungen werden Ihnen dabei helfen, jede kulinarische Hürde zu meistern. Sie haben keine Lust auf Zander, weil es den schon letzte Woche gab? Okay, wir brauchen einen festfleischigen Weißfisch ... mal sehen, was der Fischhändler stattdessen anbieten kann. Ein anderes Beispiel: Es ist kein Essig mehr im Haus, und Sie brauchen Säure? Kein Problem, dann nehmen wir eben einen Spritzer Zitronensaft. Merken Sie, worum es mir geht? Meine Entscheidungen treffe ich häufig aus dem Bauch heraus. Trauen Sie sich in der Küche mehr zu, kochen Sie, wonach Ihnen der Sinn steht. Haben Sie keine Angst davor, in der Küche oder auf dem Teller auch einmal zu scheitern – davon geht die Welt nicht unter. Und beim nächsten Mal klappt es bestimmt schon besser.

Mit zunehmender Kocherfahrung wird es natürlich immer leichter, sich von Rezeptvorgaben zu lösen und eigene Wege zu gehen. Denn Kochen beginnt eigentlich erst da, wo das Rezept aufhört. Und genau hier möchte ich Sie mit meiner Erfahrung unterstützen, auch weil ich weiß, wie groß die Kluft zwischen Theorie und Praxis sein kann. Das wird mir aktuell immer wieder bei den „Kochprofis" klar, ich habe es aber auch selbst erlebt. Denn theoretische Dinge waren noch nie meine Sache, das habe ich in der Schule schon früh feststellen müssen. Ich war damals kein schlechter Notenschüler, aber mir fehlte in den meisten Fächern der Bezug zur Praxis. Darum hat mich vieles einfach nicht berührt. „Wohin soll das nur führen?", diese Frage haben sich meine Lehrer und Eltern ganz sicher mehr als einmal gestellt. Mit 14 Jahren habe ich dann während des Praktikums in einem spanischen Fünf-Sterne-Hotel zum ersten Mal in der Restaurantküche gestanden. Ich fand das vom ersten Moment an großartig und ich durfte dort wirklich alle Stationen durchlaufen. Es machte mir Spaß, weil ich für das, was ich dort tat, ein unmittelbares, glücklicherweise auch durchweg positives Feedback bekam. Darauf war ich natürlich sehr stolz und mir wurde ganz schnell klar: Kochen ist meine Welt! Meine Ausbildung habe ich nach dem Schulabschluss in Deutschland absolviert. Was mir hier zuallererst auffiel, war, welch großen Stellenwert das Essen in südlichen Ländern im Vergleich zu unseren Breitengraden hat. Darum zog es mich anschließend auch wieder in den Süden nach Mallorca, bevor ich vor vier Jahren schließlich im „Jellyfish" in Hamburg landete – die Stadt, in der ich immer noch bin, weil sie mich nach wie vor fasziniert. Meine Leidenschaft für das Kochen und Genießen allgemein ist – egal, wo – bis heute geblieben. Für mich ist es absolut entspannend, mich nach der Arbeit oder an freien Tagen mit Freunden zu treffen, gemeinsam zu kochen und zu essen. Dazu gibt es ein Glas Wein, im Hintergrund läuft gute Musik – wir schalten ab und lassen den Arbeitsalltag hinter uns, denn ab jetzt geht es nicht mehr um die perfekte Leistung, sondern nur noch um optimalen Genuss.

Mit diesem Buch und den Rezepten darin möchte ich Ihnen zeigen, wie wahr und ehrlich mein Ansatz ist und natürlich vor allem wie lecker und leicht Kochen sein kann. Hier finden Sie viele neue Rezeptideen, aber auch Tipps zum „Abspecken" oder „Pimpen" der Gerichte. Viele schöne und ungezwungene Küchenmomente – gemeinsam mit Freunden oder alleine – wünscht Ihnen

Ihr Nils Egtermeyer

WENIGER IST MEHR – SO IST MEINE KÜCHE

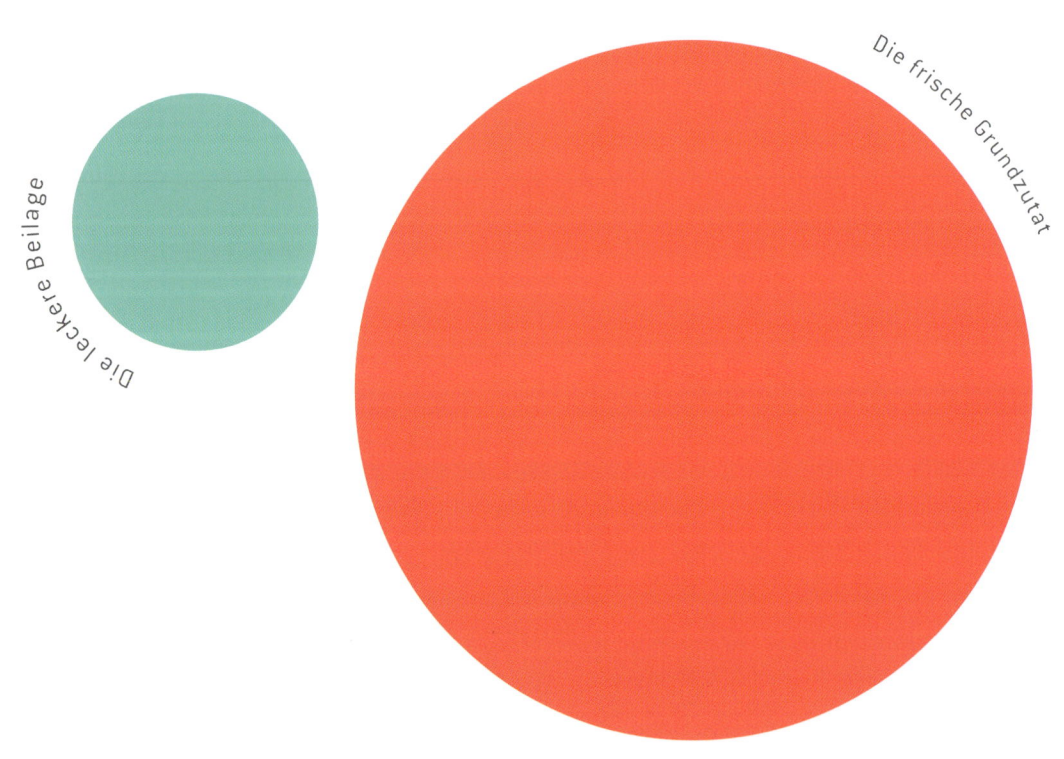

Die Produkte sind die Stars

In meiner Küche sind die Produkte die Stars – weniger ist mehr, das wissen Sie von mir schon aus dem Vorwort. Meine Rezepte erschließen sich im Allgemeinen aus maximal vier bis fünf Grundprodukten. Die Gerichte selbst sind darum frisch, knackig und schnörkellos – und genauso geht es in meiner Küche zu! Was meinen persönlichen Stil angeht, so haben mich sicherlich die sieben Jahre in verschiedenen Sternerestaurants auf Mallorca geprägt, denn die mediterrane Küche steht für Frische und Schnörkellosigkeit. Allerdings spiele ich auch gerne mit asiatischen Einflüssen – und gerade die japanische Küche trägt dabei eine ähnliche Geradlinigkeit in sich, sodass ich in meinen Gerichten beide Einflüsse wunderbar miteinander verbinden kann.

Je besser und frischer die Produkte sind, die ich verarbeite, desto weniger Verarbeitung ist nötig. Für mich muss jedes Grundprodukt auch noch beim Servieren, also nach der Verarbeitung klar erkennbar sein. Und im Grunde geht es bei der Verarbeitung nur noch darum, den jeweiligen Eigengeschmack in den Vordergrund zu stellen und ihn im Zweifel lediglich mit ein wenig richtig eingesetzter Würze zu heben. Diesen Ansatz und all meine Erfahrungen insbesondere aus dem Mittelmeerraum konnte und durfte ich in den letzten vier Jahren in meiner Zeit als Küchenchef im „Jellyfish" in Hamburg vor allem im Bereich „Fish & Seafood" ausleben. Aber auch nach meinem Ausscheiden dort ist und bleibt Hamburg aktuell meine absolute Lieblingsstadt. Hier bin ich „angekommen" und lasse mich auch nach einigen Jahren im Norden Deutschlands gerne bei Spaziergängen an der Elbe vom norddeutschen Flair samt seinem auf alle Fälle vorhandenen Purismus inspirieren.

Must-haves für die Küche

Und so puristisch, wie ich bei der Zusammenstellung meiner Rezepte bin, darf ich auch bei der Grundausstattung meiner Küche sein. Klar, Herd, Backofen und Kühlschrank erwähne ich hier jetzt gar nicht erst weiter, die drei verstehen sich von selbst, wir sind ja nicht mehr in der Steinzeit. Für mich sind die wirklichen Must-haves in der Küche zwei hochwertige Messer – ein großes Kochmesser von 20 Zentimetern Länge sowie ein kleineres Gemüsemesser –, ein Wetzstein zum Scharfhalten der Messer, ein Sparschäler, ein Kochlöffel, ein Schneebesen, ein Schaumlöffel, eine Suppenkelle, eine Kartoffelpresse, ein grobes und ein feines Sieb sowie ein solider Mörser. Zwei oder drei Schneidebretter sind wichtig. Ich bevorzuge solche aus Plastik, weil das hygienischer ist und man sie besser und einfacher reinigen kann als Holzbretter. Je eine kleine und große gute, das heißt hochwertige beschichtete Pfanne ist wirklich wichtig und drei gute Töpfe in verschiedenen Größen. Hinzu kommen an Elektrogeräten ein Stabmixer und vielleicht noch ein Blitzhacker. Diese Dinge sind Pflicht, alles darüber hinaus – bis hin zur Küchenmaschine mit Kochfunktion oder zum Sous-vide-Garer – gehört zur Kür! Hier sollten Sie sich vor dem Kauf auch stets überlegen, ob Sie dieses oder jenes Gerät dauerhaft wirklich brauchen können und es vor allem auch Platz in Ihrer Küche findet. Denn wenn teuer erkaufte Geräte ein tristes und unbenutztes Dasein im Keller fristen, ist damit niemandem geholfen außer vielleicht dem Hersteller und Händler.

Egal, ob Sie sich noch im Pflichtbereich befinden oder schon für die Kür trainieren, legen Sie beim Kauf stets Wert darauf, sich qualitativ hochwertige Geräte anzuschaffen, denn an denen haben Sie auf Dauer gesehen definitiv mehr Spaß.

Gut vorbereitet ist halb gekocht

Und natürlich macht die Arbeit mit den guten Geräten erst recht viel Spaß, wenn auch sonst in der Küche alles seinen Platz hat und der Koch selbst gut vorbereitet ist. Für einen Profikoch ist daher ein „Mise en Place", also das Bereitstellen aller Zutaten und Utensilien, bevor es losgeht, das halbe Leben. Mein früherer Chef hat immer gesagt: „Mise en Place ist Freizeit." Und meinte damit, dass es einen das eigentliche Kochen eben viel relaxter angehen lässt. Denn was wirklicher Stress ist, davon kann jeder Koch ein Lied singen. Bei Gerichten, die sich quasi selbst machen, wie zum Beispiel einem Schmorgericht, ist das nicht so schwierig. Aber zum Beispiel in der asiatischen Küche läuft ohne „Mise en Place" gar nichts. Bestes Beispiel dafür sind Wokgerichte: Hier brauche ich alles in vorbereiteter Form, um das Gericht innerhalb von zwei Minuten kurzbraten und servieren zu können. Und nicht jedes Gemüse hat dieselbe Garzeit. Darum blanchiere ich sie vorher, damit später in der Pfanne alle die gleiche Zubereitungszeit haben. Alles andere wäre Stress, und den wollen wir ja gerade vermeiden. Vielleicht erzähle ich Ihnen noch einmal kurz, was Blanchieren eigentlich ist. Hierbei wird Gemüse in kochendem Wasser auf den Punkt gekocht. Sobald es bissfest gegart ist, nimmt man es heraus und schreckt es sofort in einer Schüssel mit Eiswasser ab. Durch das Abschrecken wird der Garprozess augenblicklich gestoppt. Viele sagen, Blanchieren ist „old-school", aber ich mag es trotzdem, weil das Gemüse so schön knackig bleibt und seine frische Farbe behält. Eines ist nur ganz wichtig beim Blanchieren: Das Abschrecken im Eiswasser darf nur wenige Sekunden dauern! Lassen Sie das Gargut nie über einen längeren Zeitraum im Eiswasser liegen, denn sonst laugt es aus. Wenn ich mein Gemüse auf diese Weise und ganz in Ruhe vorbereite, habe ich später beim Finalisieren des Gerichts viel weniger Stress. Und wenn dann noch Freunde da sind, habe ich außerdem mehr Zeit für sie. Das ist mir wichtig, denn besonders viel Zeit für Freunde und Familie bleibt mir zurzeit leider nicht.

In den Kühlschrank geschaut

Aktuell ist mein Job mit vielen Reisen verbunden – das liegt zum einen an den Dreharbeiten zum Format „Die Kochprofis", aber auch an zahlreichen Show-Cooking-Auftritten und meinem neuen Projekt „Zu Tisch". Darum ist in meinem Kühlschrank gerade häufig eher Ebbe angesagt. Was für mich in jedem Fall hineingehört, sind Milchprodukte wie Butter und ein Feta- oder Ziegenkäse. Mit dem Käse lässt sich mittags oder abends ein schneller Salat im-

mer pimpen, da brauche ich dann wirklich auch kein Fleisch dazu. Ansonsten habe ich immer gerne ein bisschen Gemüse, zum Beispiel ein paar Tomaten, Paprika und Gurke parat. Zitronen dürfen auch nicht fehlen! Im Gemüsefach vom Kühlschrank richtig gelagert, halten sich Obst und Gemüse eine ganze Weile und überstehen ein paar Tage ohne mich. Am besten ist, Sie bewahren es wirklich im Gemüsefach auf, so wie es die Hersteller in aller Regel vorsehen. Das Fach wird nämlich ganz bewusst weit unten im Schrank platziert, weil die Temperatur dort am niedrigsten ist und schnell Verderbliches so länger frisch bleibt. Wussten Sie das eigentlich? Darum liegen ganz oben Käse, Reste von letzten zubereiteten Essen oder auch Geräuchertes. Darunter finden Milchprodukte sowie Fleisch, Fisch und Wurst – jeweils sorgfältig verpackt und auf einem der gut zu reinigenden Glasböden abgelegt, falls doch mal etwas ausläuft – einen guten Platz, gefolgt von allem, was Sie sonst noch im Kühlschrank aufbewahren möchten. Für Eier ist meist ein Fach ganz oben in der Tür vorgesehen. Zwar muss man sie nicht zwingend kühl lagern, aber ich habe dann einfach ein besseres Gefühl, deshalb wohnen sie auch ganz klar in meinem Kühlschrank. Dasselbe gilt übrigens für angebrochene Marmeladen, geöffnete Tuben, Getränkeflaschen oder -packungen sowie mein heiß geliebtes Olivenöl. Und – ganz ehrlich – bei mir liegen auch Knoblauch und Tomaten auf jeden Fall im Kühlschrank, das ist in jeder Gastromonie so, und die Sachen bleiben, wie die Eier auch, zu Hause länger frisch, erst recht wenn man viel unterwegs ist.

Gerade im Kühlschrank finde ich es übrigens wichtig, auf Hygiene zu achten. Regelmäßiges Auswischen gehört für mich ohne Diskussion dazu, insbesondere dann, wenn doch einmal etwas darin schlecht geworden oder ausgelaufen ist. Für den Kühlschrank und die Zutaten darin ist es von Vorteil, wenn er nicht allzu vollgepackt ist. Denn dann kann die Luft besser zirkulieren, und die Lebensmittel bleiben länger frisch.

Und was nicht im Kühlschrank liegt, bewahre ich in Vorratsschrank oder -kammer auf. Hier brauche ich als Partner zum Olivenöl aus dem Kühlschrank einen guten Aceto balsamico. Wo wir gerade beim Thema sind: Finger weg von Crema di balsamico, dieses industrielle Zuckerzeug finde ich ganz furchtbar! Wenn Sie Balsamicocreme haben möchten, können Sie sie ganz einfach selbst herstellen, indem Sie eine Flasche Aceto balsamico – auch hier bitte auf gute Qualität achten – ganz langsam einköcheln lassen. In einem zweiten Topf kochen Sie dieselbe Menge Trauben- oder Apfelsaft ebenfalls mindestens auf die Hälfte der Menge ein. Aceto und Saft werden anschließend gemischt, abgeschmeckt und nach Belieben noch einmal gemeinsam bis zur gewünschten Konsistenz weiter eingekocht. So bekommen Sie ein viel besseres, natürlicheres Produkt als mit der fertigen Creme. Aber zurück zum Vorratsschrank: Basmati- oder Langkornreis gehört hinein, Pasta, vielleicht noch eingelegte Tomaten und Sardellen, ein paar Gläser möglichst selbst gemachter Fond und ein paar Zwiebeln – Basics eben. Hier kommt es aber wirklich auch darauf an, was man mag und worauf man nicht verzichten möchte, deswegen will ich hier gar nicht zu dogmatisch werden. Schließlich wollen wir nach dem Motto „easy going" ganz entspannt und unverkrampft kochen.

Kauf von Fisch und Fleisch: Frische ist hier oberstes Gebot

Andere Frischezutaten – vor allem natürlich Fisch und Fleisch – kaufe ich darum meist spontan nach Lust und Laune und, ganz wichtig, immer frisch! Hier kann ich nur jedem wirklich dazu raten, sich einen Metzger oder Fischhändler zu suchen, dem man vertrauen kann und wo man ganz selbstverständlich immer auch danach fragen darf, woher die Ware stammt. Gerade wenn ich Fisch roh verarbeiten und essen möchte, ist es enorm wichtig zu wissen, wie frisch er tatsächlich ist. Sollte der Händler Ihnen auf solche Fragen nicht bereitwillig antworten wollen, ist es wahrscheinlich nicht der richtige Händler. In größeren Städten kann sich beim Kauf von Fisch und Fleisch der Weg zum Großmarkt lohnen. Die dortigen Händler haben in jedem Fall wirklich frische Waren, denn hier kaufen auch die Küchenchefs der Restaurants ein. Und viele von ihnen verkaufen auch an Endkunden – es schadet also nicht, diese Option einmal zu testen! Wer keinen Fleisch- und Fischhändler ausfindig macht, der findet in vielen inhabergeführten Supermärkten, die im regionalen Verbund arbeiten, ordentliche Fischtheken, die gute Produkte haben. Ansonsten empfehle ich für Fleisch, sich kleine, zertifizierte Betriebe auszusuchen, am besten kleine ländliche Betriebe. Allerdings gibt es auch in den Großstädten tolle Metzger, die eine gute Auswahl haben.

Qualität bei Fisch und Fleisch kann man schmecken

Wenn Sie die (Aus-)Wahl haben und Ihr Portemonnaie es zulässt, achten Sie beim Kauf von Fisch und Fleisch darauf, dass sich die Tiere während der Aufzucht bewegen konnten. Fisch sollte aus Wildfang stammen, also nicht in einer Aquakultur aufgewachsen sein, wo sich viele Tiere auf engstem Raum drängen müssen. Denn wie viel Platz ein Tier hatte, kann man tatsächlich schmecken. Fische aus Wildfang sind viel geschwommen und haben ihr Futter selbst gejagt. Darum ist ihr Fleisch viel fester, hat weniger Fett und ist geschmacklich besser. Vermeiden Sie genauso nach Möglichkeit den Kauf verlockend günstiger Garnelen aus irgendwelchen Antibiotikabecken in Südostasien.

Dasselbe gilt natürlich im Grunde auch für Fleisch – unmöglich zu glauben, dass ein Schwein, dessen Nacken für 2,99 Euro pro Kilo verkauft wird, auch nur ein annähernd tierwürdiges Leben hatte. Ich möchte kein Tier essen, bei dem ich aufgrund des Preises größte Zweifel haben muss, wie es gehalten und geschlachtet wurde. Das Verhältnis zum oben genannten Preis wird erst recht ganz schön absurd, wenn man sich vor Augen hält, dass wir uns auf der anderen Seite bei einem guten Bäcker ein Sauerteigbrot für 6 Euro leisten – es kann doch wirklich nicht sein, dass ein Tier weniger wert beziehungsweise günstiger ist als ein Brot! Übrigens: Falls es in Ihrem Ort schwierig ist, gutes Fleisch und guten Fisch zu bekommen, dann könnte die Bestellung über das Internet etwas für Sie sein. Mittlerweile haben ganz viele Großhändler Websites, über die man Topprodukte kiloweise bestellen kann. Und dann kommt der Fisch ganz einfach auf Eis zu Ihnen nach Hause. Wobei man natürlich immer erst versuchen sollte, den lokalen Einzelhandel zu unterstützen. Aber

wo das nicht möglich ist, kann man sich so die kulinarische Welt ganz einfach nach Hause bringen lassen.

Der Spruch „Was nicht viel kostet, ist es auch nicht viel wert" ist gerade bei Fleisch und Fisch durchaus angemessen. Essen Sie also lieber etwas seltener Fleisch, Fisch oder Seafood und gönnen Sie sich dafür eine bessere Qualität.

Welches Fett wofür?

Mein Wunsch nach der Verarbeitung von qualitativ hochwertigen Produkten endet allerdings nicht bei Fleisch und Fisch. Extrem wichtig ist mir daher auch, in der Küche mit wirklich gutem Fett zu arbeiten. Ich selbst bin ein riesiger Fan von Olivenöl – egal, ob es zum Braten ist oder ein Dressing verfeinert. Im Buch unterscheide ich gutes und bestes Olivenöl, denn zum Braten beziehungsweise Erhitzen reicht ein etwas einfacheres Öl. Wenn ich es kalt verwende, um ein Gericht abzurunden und abzuschmecken, darf es bei mir gerne etwas mehr kosten, denn hier möchte ich wirklich eine Topqualität und den besten Geschmack haben. Schließlich ist Fett einer der wichtigsten Geschmacksträger. Aber auch zum Braten sollten Sie nie das billigste Öl verwenden, verstehen Sie mich hier bitte nicht falsch.

Wer nicht mit Olivenöl braten möchte, weil ihm vielleicht der Geschmack zu intensiv ist, erzielt auch mit einem guten Raps- oder Sonnenblumenöl hervorragende Ergebnisse.

Zum Braten, aber auch zum Binden von Saucen mag ich durchaus auch Butter, die im Bereich der gesunden Ernährung ja nicht immer einen leichten Stand hat. Für mich ist sie definitiv ein toller Geschmacksträger. Ich könnte mich eher low carb, also kohlenhydratarm ernähren, als auf Butter zu verzichten. Und letztendlich ist es hier wie in allen anderen Bereichen: Die Dosis macht das Gift – und mit Sinn und Verstand eingesetzt, ist und bleibt Butter ein tolles Produkt. Aber natürlich kann ich in der Küche auch auf sie verzichten und zum Beispiel ein Kartoffelpüree mit gutem Olivenöl machen. Sie merken schon, da ist es wieder, mein Olivenöl!

Frittieren – aber richtig

Im Buch finden Sie einige Gerichte, bei denen frittiert wird. Darum möchte ich Ihnen ganz kurz grundsätzlich erklären, was hierbei zu beachten ist. Bevor es überhaupt losgeht, sollten Sie sicherstellen, dass das Frittiergut wirklich sorgfältig abgetrocknet ist. Sonst spritzt das heiße Fett ganz fürchterlich, sobald Sie beispielsweise Gemüse oder Kräuter hineingeben. Und jeder, der schon einmal heiße Fettspritzer abbekommen hat, weiß, wie unangenehm das ist. Darum sollten Sie beim Frittieren auch immer noch einmal ganz besonders darauf achten, dass der Topf, in dem das Öl erhitzt wird, einen sicheren Stand hat. Frittiert wird grundsätzlich in hoch erhitzbarem Pflanzenfett mit neutralem Geschmack. Ich verwende hier gerne zum Beispiel ein Raps-,

Sonnenblumen- oder Erdnussöl. Die perfekte Frittiertemperatur liegt zwischen 160 und 180 Grad Celsius. Ohne Thermometer testen Sie ganz einfach folgendermaßen, ob es heiß genug ist: Halten Sie ein Holzstäbchen ins heiße Öl. Wenn kleine Luftbläschen an ihm aufsteigen, ist das Fett heiß genug. Alternativ können Sie auch einen Krümel des Frittierguts in den Topf geben und schauen, ob das Fett zu sprudeln beginnt. Während frittiert wird, bleiben Sie unbedingt dabei und wälzen die Zutaten im Fett mit einem Schaumlöffel regelmäßig hin und her, damit sie gleichmäßig bräunen. Sobald Ihre Zutat den richtigen Bräunungsgrad erreicht hat, heben Sie sie mit einem Schaumlöffel vorsichtig aus dem heißen Fett und lassen sie auf Küchenpapier gründlich abtropfen. Das reduziert den Anteil an aufgesogenem Fett und sorgt für noch mehr Knusper.

Auf die richtige Würze kommt es an

Wie Sie inzwischen wissen, bin ich schon mit einem sehr guten Olivenöl zur Würze glücklich. Und im Grunde ist es bei mir mit den Gewürzen wie beim Kühlschrankinhalt: Weniger ist mehr, darum reichen mir einige Grundgewürze vollkommen aus. Dafür pimpe und „parfümiere" ich meine Gerichte zum Beispiel sehr gerne zusätzlich mit frischen Kräutern. Die reduzierte Auswahl an Gewürzen beginnt beim Pfeffer – hier brauche ich nicht fünf verschiedene Sorten, ich stehe auf einfachen, ehrlichen schwarzen Pfeffer. Weißer Pfeffer ist mir zu dominant. Ganz wichtig finde ich, den Pfeffer wirklich immer frisch zu mahlen. Vorgemahlener Pfeffer verliert viel zu schnell sein Aroma! Fester Partner vom schwarzen Pfeffer ist ein gutes Meersalz – auch das ist ein ehrliches Naturprodukt, Jodsalz würde ich nie kaufen. Zusätzlich gibt es zum Finalisieren der Gerichte bei mir ein Fleur de Sel oder Salzflocken zum Bestreuen beispielsweise von Fleisch. Und wenn ich ein aromatisiertes Salz haben möchte, dann kann ich nur jedem raten, das immer selbst zu machen. Denn das ist echt kein Hexenwerk, geht im Grunde ganz schnell, und ich weiß, was drin ist und woher es kommt. Das Salz ist die Basis, Gewürze und Kräuter geben dem jeweiligen Geschmack die Richtung – hier kann man wirklich kreativ werden, wenn man seinen Ideen freien Lauf lässt. Wichtig ist, die Gewürze vor dem Mischen leicht anzurösten, allerdings ohne dass sie Farbe nehmen. Darum während des Röstens die Pfanne immer wieder schwenken. Anschließend werden die Gewürze im Mörser zusammen mit dem Salz gemahlen. Das funktioniert auch prima im Blitzhacker, falls Sie ein solches Gerät besitzen. Toll schmeckt es, nun noch den Abrieb einiger Zitrusfrüchte hinzuzugeben. Wichtig: Wenn Sie die Mischung in einer Dose oder einem Schraubglas luftdicht verschlossen aufbewahren, hält sich das selbst gemachte Gewürzsalz über Monate, denn das Salz zieht ja sämtliche Restfeuchte aus Kräutern oder dem Abrieb der Zitrusfrüchte. Und wenn man schaut, welche Geschmäcker gut zusammenpassen, kann man ruckzuck beste Würzsalze für Fisch, Geflügel, Fleisch und vegetarische Gerichte selbst herstellen.

So macht Kochen und Genießen einfach Spaß, darum ist es auch so wichtig, sich dem Thema frei und unverkrampft zu nähern. Ich selbst bin ein großer Freund des Improvisierens, denn wie gesagt: Das Kochen fängt da an, wo das

Rezept aufhört. Kochen ist etwas unglaublich Kreatives. Da gibt es eigentlich keine Regeln, wichtig ist doch nur, dass es letztendlich schmeckt. Und Geschmäcker sind eben auch ganz verschieden, so verschieden wie unsere Küchen mit ihrer individuellen Ausstattung und den Elektrogeräten. Jeder Backofen ist anders, die Hitze verteilt sich auf unterschiedliche Weise, der eine hält die Hitze besser, der andere schlechter. Das haben Sie sicherlich auch spätestens dann schon einmal festgestellt, wenn Sie einen neuen Ofen bekommen oder bei Freunden gekocht haben. Darum können Temperatur-, Zeit- und auch Mengenangaben immer nur ein Leitfaden zur Orientierung sein, nie sind sie absolut. Genauso wie ich manchmal mit der Herdtemperatur spielen muss, weil ein Topf aufgrund seines Materials vielleicht besser leitet als der andere, genauso variabel sind entsprechend die Zeitangaben.

Und wenn Sie sich dann gute Dinge gönnen, dann sollten Sie nicht nur einfach essen, sondern das Essen zelebrieren! Wir haben es etwas verlernt zu genießen, diese Gabe müssen wir uns wieder zurückerobern. Ich selbst bin ein absoluter Genussmensch – ein gutes Essen mit leckerem Wein und Freunden ist für mich Lebensqualität. Das sollte sich jeder von uns hin und wieder gönnen. Darum lassen Sie uns jetzt auch aufhören zu schnacken und lieber endlich starten. Also rein in die Küche und ran an den Herd!

WORAN ERKENNE ICH GUTES OLIVENÖL?

—
Die höchste Güteklasse bei Olivenöl heißt „nativ extra" – und etwas anderes sollten Sie erst gar nicht kaufen.

Zu seiner Gewinnung sind nur mechanische Verfahren erlaubt – in den Ölmühlen heute werden zu diesem Zweck häufig Zentrifugen eingesetzt. Die Zufuhr von Wärme während der Gewinnung ist verboten. Das heißt, ein „kalt gepresstes" Öl darf während seiner Extraktion nie über 27 Grad Celsius erhitzt werden. Was Geschmack und Geruch angeht, muss es sensorisch einwandfrei und leicht fruchtig sein. Doch auch in der obersten Olivenöl-Liga gibt es große Unterschiede, und jedes Öl hat seinen eigenen Geschmack. Am besten ist, Sie kaufen das Öl dort, wo Sie die Möglichkeit haben, es vor dem Kauf zu verkosten oder aber zunächst in kleinen Probierflaschen zu erwerben. So können Sie ausschließen, dass es ranzig, modrig oder allzu bitter schmeckt. Denn Öl ist wie Wein auch Geschmackssache, und nichts wäre ärgerlicher, als wenn Sie für ein bestes Olivenöl viel Geld bezahlen und es nicht Ihrem Geschmack entspricht. In solchen Läden kann Ihnen das Verkaufspersonal wahrscheinlich auch die beste und konkreteste Auskunft darüber geben, woher das Öl tatsächlich stammt. Die Herkunftsangaben großer industrieller Hersteller sind zumeist nämlich sehr schwammig und für den Konsumenten kaum nachvollziehbar. Achten Sie hier zum Beispiel auf ein Siegel für die geschützte Ursprungsbezeichnung sowie zum Beispiel ein D.O.P.-Kürzel – eine geschützte Ursprungsbezeichnung für Lebensmittel aus Italien oder Portugal. Auch die Angabe der verarbeiteten Olivensorte – es sollte sortenrein sein – ist ein gutes Indiz dafür, dass es sich um ein hochwertiges Öl handelt. Fehlt diese Angabe, so ist das ein Hinweis darauf, dass die Öle verschiedener Mühlen, vielleicht aber auch verschiedener Ernten oder sogar Jahrgänge, gemischt worden sind.

WAS WIEGEN OBST UND GEMÜSE?

Im Folgenden finden Sie eine Auflistung vieler im Buch enthaltener Obst- und Gemüsesorten mit ihren jeweiligen ungefähren Durchschnittsgewichten. Es kann natürlich sein, dass der Kohlkopf oder die Knolle, die Sie kaufen, etwas mehr oder weniger wiegt. Das ist nicht schlimm, und eine kleine Mengenabweichung wird das Rezept ganz sicher nicht verderben. Dies sollten Sie dann nur beim Würzen einkalkulieren.

Berücksichtigt worden sind nur Sorten, die für gewöhnlich in Stückzahlen angegeben werden. Gemüse- und Obstsorten, die im Allgemeinen in Gramm aufgeführt werden – also zum Beispiel Pilze, Bohnen oder auch Beeren – sind in der Auflistung nicht enthalten.

Gemüse:	Ø - Gewicht pro Stück
Aubergine	340 g
Fenchel (Knolle)	340 g
Gurken:	
Einmachgurke	55 g
Salatgurke	450 g
Kartoffeln:	
Speisekartoffel	90 g
Süßkartoffel	300 g
Kohl:	
Blumenkohl	900 g
Brokkoli	350 g
Spitzkohl	800 g
Kohlrabi	250 g
Kürbis:	
Hokkaidokürbis	1,5 kg
Butternusskürbis	750 g
Sellerie:	
Sellerie	800 g
Staudensellerie (pro Stange)	125 g
Suppengemüse (Bund)	500 g
Tomaten:	
Kirschtomate	12 g
Ochsenherztomate	200 g
Strauchtomate	100 g
Sonstiges:	
Möhre	70 g
Paprikaschote	150 g
Rote Bete	135 g
Zucchini	200 g

Zwiebel & Co:	Ø - Gewicht pro Stück
Gemüsezwiebel	250 g
Lauch (Porree)	150 g
Speisezwiebel	85 g
Schalotte	25 g
Knoblauch (Zehe)	3 g

Obst:	Ø - Gewicht pro Stück
Apfel	180 g
Avocado	170 g
Birne	200 g
Granatapfel	250 g
Mango	250 g
Nektarine	100 g
Orange	170 g
Passionsfrucht	25 g
Pfirsich	125 g
Quitte	300 g

Eier:	Ø - Gewicht pro Stück
Eigelb	20 g
Eiweiß	30 g

SUPPEN *und* SALATE

→ ganz einfach, vegetarisch

KÜRBISSUPPE

Pfifferlinge
Ricotta
Salbei

Für 4 Freunde
Zubereitungszeit: 1 ½ Stunden

Für die Kürbissuppe:
- 1 Hokkaidokürbis
- 6 Zweige Thymian
- 3 EL brauner Zucker
- frisch geriebene Muskatnuss
- frisch gemahlener schwarzer Pfeffer
- 150 g Butter
- 500 g grobes Meersalz

- 100 g Knollensellerie
- 1 große Zwiebel
- 1 Knoblauchzehe
- 2 EL gutes Olivenöl
- 100 ml Weißwein
- 800 ml Gemüsebrühe
- 150 g Crème fraîche
- Saft von 1 Zitrone
- Salz

Für die Pfifferlinge:
- 200 g kleine Pfifferlinge
- 1 EL gutes Olivenöl

Für die Garnitur:
- neutrales Pflanzenöl zum Frittieren
- 12 Salbeiblätter
- 4 EL Ricotta

Den Backofen auf 180 °C Umluft (200 °C Ober-/Unterhitze, Gas Stufe 3–4) vorheizen. Den Deckel vom Kürbis abschneiden, die Kerne herauskratzen. Den Thymian waschen. Das Kürbisinnere mit Zucker, Muskat und Pfeffer würzen. Thymian und Butter hineingeben, den Deckel wieder auflegen.

Das Meersalz als Bett auf einem Backblech verteilen, den Kürbis auflegen und im heißen Ofen 1 Stunde garen.

Den weich geschmorten Kürbis aus dem Ofen nehmen, die darin gesammelte Flüssigkeit abgießen und auffangen. Das Fruchtfleisch aus den Schalen kratzen und beiseitestellen. Den Sellerie schälen und in kleine Würfel schneiden. Zwiebel und Knoblauch abziehen und fein würfeln.

In einem großen Topf das Olivenöl erhitzen. Zwiebel, Knoblauch und Sellerie darin bei mittlerer Hitze glasig schwitzen. Mit dem Weißwein ablöschen, Kürbisfleisch samt abgegossenem Sud dazugeben. Die Gemüsebrühe angießen. Das Ganze bei mittlerer Hitze 20 Minuten köcheln, bis der Sellerie weich ist. Die Crème fraîche dazugeben und alles mit dem Stabmixer oder Standmixer (siehe Tipp) fein pürieren. Die Suppe durch ein feines Sieb streichen. Mit Zitronensaft, Salz und Pfeffer abschmecken und warmhalten.

Für die Pfifferlinge die Pilze gründlich putzen und bei Bedarf mit Küchenpapier trocken abreiben. Das Olivenöl in einer Pfanne erhitzen und die Pfifferlinge darin rundherum anbraten. Für die Garnitur das Pflanzenöl in einem kleinen Topf erhitzen (siehe Seite 13/14). Den Salbei waschen, gut trocknen und im heißen Fett maximal 1 Minute knusprig frittieren. Herausnehmen und auf Küchenpapier abtropfen lassen.

Die Kürbissuppe mit den Pilzen auf tiefe Teller oder Schalen verteilen, jeweils eine Ricottanocke aufsetzen und das Ganze mit den frittierten Salbeiblättern garniert servieren.

Nils' Tipp: Ich püriere in aller Regel im Standmixer, weil der einfach die beste Leistung bringt. Wer keinen leistungsstarken Standmixer oder Blender hat, püriert mit dem Stabmixer. Am feinsten werden Suppen, Saucen etc. allerdings, wenn man sie anschließend noch durch ein feines Sieb streicht.

VICHYSSOISE

Artischocken
Knoblauchchips

→ ganz einfach, vegetarisch, raffiniert

Für 4 Freunde

Zubereitungszeit: 1 Stunde 15 Minuten

Für die Vichyssoise:
- 350 g Kartoffeln
- 2 Stangen Lauch
- 2 Schalotten
- 1 Knoblauchzehe
- 3 EL gutes Olivenöl
- 100 ml Weißwein
- 1 l Hühnerbrühe
- 3 EL Crème fraîche

- Salz
- frisch gemahlener schwarzer Pfeffer
- 4 EL Schnittlauchröllchen

Für die Artischocken:
- Saft von 2 Zitronen
- 8 junge Artischocken
- 3 EL bestes Olivenöl

Für die Knoblauchchips:
- 300 ml neutrales Pflanzenöl
- 4 Knoblauchzehen

Für die Vichyssoise die Kartoffeln schälen und in grobe Stücke schneiden. Den Lauch waschen, putzen und den weißen Teil ebenfalls grob schneiden. Schalotten und Knoblauch abziehen und in feine Würfel schneiden.

In einem Topf das Olivenöl erhitzen. Schalotten und Knoblauch darin bei mittlerer Hitze glasig schwitzen. Kartoffeln und Lauch kurz mitschwitzen. Mit dem Weißwein ablöschen, die Flüssigkeit fast vollständig verkochen lassen. Die Hühnerbrühe angießen und alles 30 Minuten köcheln lassen.

Den Ansatz mit dem Stabmixer fein pürieren und die Crème fraîche untermixen. Mit Salz und Pfeffer abschmecken. Die Suppe durch ein feines Sieb streichen und im Kühlschrank kalt stellen, dabei regelmäßig durchrühren.

Für die Artischocken in einer Schüssel den Saft von 1 Zitrone mit Wasser mischen. Die Artischocken putzen. Dazu zunächst zartere Stiele etwas kürzen und schälen. Rund um den Stielansatz die harten äußeren Blätter entfernen. Etwa das obere Drittel der Blüten abschneiden. Die Schnittflächen in das Zitronenwasser tauchen, damit sie nicht braun anlaufen. Die Artischocken längs halbieren oder vierteln und das harte innere Stroh herauskratzen. Die Artischocken in das Zitronenwasser legen.

Für die Knoblauchchips das Pflanzenöl in einem kleinen Topf erhitzen (siehe Seite 13/14). Den Knoblauch abziehen, in feine und gleichmäßige Scheiben schneiden und im heißen Öl maximal 1 Minute leicht goldbraun frittieren. Herausheben und auf Küchenpapier abtropfen lassen.

In einem großen Topf (siehe Tipp Seite 117) ausreichend Salzwasser mit 1 Esslöffel Olivenöl und dem restlichen Zitronensaft aufkochen. Die Artischocken darin etwa 6 Minuten blanchieren. Wenn sie sich leicht einstechen lassen, herausnehmen, sofort in Eiswasser abschrecken und abtropfen lassen. Die Artischockenviertel mit dem restlichen Olivenöl, Salz und Pfeffer marinieren.

Die Artischocken auf Schalen verteilen und mit der eiskalten Suppe begießen. Die Vichyssoise mit krossen Knoblauchchips sowie Schnittlauchröllchen bestreut servieren. Dazu passt Räucherlachs oder Forellenfilet.

→ ganz einfach, sommerlich

MINESTRONE

Safran
Parmesan

Für 4 Freunde
Zubereitungszeit: 1 Stunde 15 Minuten

Für die Minestrone:
- 3 reife Tomaten
- 1 Zwiebel
- 3 Knoblauchzehen
- 1 Chilischote
- 10 Zweige Thymian
- 50 g Butter
- 1 EL Tomatenmark
- 1/2 g Safranfäden
- 120 ml Weißwein
- 1 Stück Parmesanrinde
- 1 l Gemüsebrühe
- 3 Kartoffeln
- 2 Stangen Staudensellerie
- 1 Fenchelknolle
- 1 Aubergine
- 1 Zucchini
- 1 rote Paprikaschote
- 1 gelbe Paprikaschote
- 5 Champignons
- 100 g Basilikum
- Meersalz
- frisch gemahlener schwarzer Pfeffer
- bestes Olivenöl zum Beträufeln
- frisch geriebener Parmesan zum Bestreuen
- knuspriges Ciabatta zum Servieren

Die Tomaten waschen, halbieren und ohne Stielansatz klein schneiden. Zwiebel und Knoblauch abziehen und fein würfeln. Die Chilischote waschen, entkernen und fein hacken. Den Thymian waschen und trocken schütteln.

Die Butter in einem großen Topf erhitzen. Zwiebel, Knoblauch und Chili darin bei mittlerer Hitze glasig schwitzen. Das Tomatenmark einrühren und kurz mitschwitzen. Safran und Thymian dazugeben, mit dem Weißwein ablöschen und die Flüssigkeit leicht einkochen lassen. Tomatenwürfel und Parmesanrinde dazugeben, die Gemüsebrühe angießen und den Sud bei niedriger bis mittlerer Hitze 45 Minuten leicht köcheln lassen.

Währenddessen das Gemüse vorbereiten. Dazu die Kartoffeln schälen. Sellerie, Fenchel, Aubergine, Zucchini und Paprika waschen. Die Champignons gründlich putzen, bei Bedarf mit Küchenpapier trocken abreiben. Die Paprikaschoten halbieren, entkernen, dann mit den Kartoffeln und dem restlichen Gemüse in gleichmäßige Würfelchen schneiden. Das Basilikum waschen und trocken schütteln. 10 Minuten vor Ende der Garzeit die Hälfte der Basilikumstängel in den Sud geben, um den Fond zu aromatisieren.

Den Sud durch ein feines Sieb gießen, erneut aufkochen, das Gemüse hinzufügen und im aromatischen Fond bei mittlerer Hitze 4–5 Minuten schön knackig garen. Die Suppe mit Meersalz und Pfeffer leicht abschmecken. Die restlichen Basilikumblätter von den Stängeln zupfen und fein schneiden.

Die Minestrone in einer großen Schüssel mit bestem Olivenöl beträufeln und mit Basilikum sowie Parmesan bestreut servieren. Dazu Ciabatta reichen.

Nils' Tipp: Dazu passt auch ein schönes frisches Pesto ganz hervorragend!

Zum Abspecken: Die Suppe funktioniert natürlich auch ohne den Safran, wobei er ihr allerdings einen ganz besonderen Geschmackskick gibt.

Zum Pimpen: Wer mehr Eindruck schinden möchte, serviert die Suppe nicht nur mit geriebenem Parmesan, sondern garniert sie zusätzlich mit einem selbst gemachten Hartkäse- oder Parmesancrunch wie auf Seite 94.

→ *ganz einfach, erfrischend*

GELBE GAZPACHO

Riesengarnelen
Avocado
Mango

Für 4 Freunde

Für die Gazpacho:
- 500 g gelbe Kirschtomaten
- 1 gelbe Paprikaschote
- 2 Salatgurken
- 1 Schalotte
- 1/4 Knoblauchzehe
- 200 g Mangomark
- 200 ml Mineralwasser
- 100 ml bestes Olivenöl
- 1 EL weißer Aceto balsamico
- 1 Prise Zucker
- Meersalz
- frisch gemahlener schwarzer Pfeffer
- 12 Blätter rote Shisokresse

Für Avocado und Mango:
- 1 reife Avocado
- 1 Spritzer Zitronensaft
- 1 reife Mango

Für die Riesengarnelen:
- 4 Riesengarnelen (geschält und entdarmt)
- 2 EL gutes Olivenöl

Zubereitungszeit: 30 Minuten + 1 Stunde Marinierzeit

Tomaten und Paprika waschen. Die Kirschtomaten halbieren. Die Paprika halbieren, entkernen und ohne Stielansatz in grobe Stücke schneiden. Die Gurken schälen und grob würfeln. Schalotte und Knoblauch abziehen und in feine Würfel schneiden.

Gemüsestücke sowie Schalotten- und Knoblauchwürfel in einer großen Schüssel mischen, Mangomark, Mineralwasser, Olivenöl und Aceto balsamico dazugeben und alles gut vermengen. Mit Zucker, Meersalz und Pfeffer sowie nach Bedarf etwas mehr Essig würzen. Das Gemüse abgedeckt im Kühlschrank 1 Stunde marinieren.

Das Gemüse mit dem Stabmixer oder im Standmixer (siehe Tipp Seite 23) fein und sämig pürieren. Die Gazpacho zusätzlich durch ein feines Sieb streichen und erneut kalt stellen.

Die Avocado halbieren und den Stein entfernen. Das Fruchtfleisch herauskratzen und mit einer Gabel grob zerdrücken. Den Zitronensaft dazugeben, damit das Fruchtfleisch nicht braun wird. Die Mango schälen, das Fruchtfleisch vom Stein und in kleine Würfel schneiden.

Die Garnelen waschen, putzen und mit Küchenpapier trocken tupfen. Das Olivenöl in einer Pfanne erhitzen, die Riesengarnelen hineinlegen, mit Meersalz und Pfeffer leicht würzen und von jeder Seite 30 Sekunden anbraten, ihr Kern sollte noch leicht glasig sein. Die Gazpacho noch einmal abschmecken.

Riesengarnelen, Avocadomus und Mangowürfel auf Schalen oder tiefe Teller verteilen, die eiskalte Gazpacho vorsichtig angießen und mit Shisokresse garniert servieren.

Zum Variieren: Als Einlage für diese Gazpacho eignen sich anstelle von Riesengarnelen auch Hummer, Krabben oder Jakobsmuscheln.

→ *ganz einfach, würzig*

BROKKOLISUPPE

Speck
Macadamia
Nektarine

Für 4 Freunde

Für den Speck:
- 8 Scheiben Frühstücksspeck (Bacon)

Für die Brokkolisuppe:
- 2 Schalotten
- 1 Knoblauchzehe
- 100 g Butter
- 100 ml Weißwein
- 800 ml Hühnerbrühe
- 500 g Brokkoli
- 200 g Crème fraîche
- Meersalz
- frisch gemahlener schwarzer Pfeffer

Für Macadamia und Nektarine:
- 2 reife Nektarinen
- 150 g geröstete Macadamianusskerne

Zubereitungszeit: 30 Minuten

- Für den Speck den Backofen auf 160 °C Umluft (180 °C Ober-/Unterhitze, Gas Stufe 2–3) vorheizen. Die Baconscheiben auf einem mit Backpapier belegten Blech im heißen Ofen etwa 20 Minuten langsam knusprig backen.

- In der Zwischenzeit für die Suppe Schalotten und Knoblauch abziehen und in feine Ringe beziehungsweise Scheiben schneiden. Die Butter in einem Topf erhitzen (siehe Tipp). Schalotten und Knoblauch darin bei mittlerer Hitze glasig schwitzen. Mit dem Weißwein ablöschen und diesen fast vollständig verkochen lassen. Die Brühe angießen und 10 Minuten köcheln.

- Währenddessen den Brokkoli waschen, putzen und in kleine Röschen teilen. Die Röschen zum Fond geben und etwa 10 Minuten weich garen. In dieser Zeit die Nektarinen waschen, halbieren, entsteinen und in schmale Spalten schneiden. Die Macadamianusskerne grob hacken.

- Den knusprigen Speck aus dem Ofen nehmen, auf Küchenpapier abtropfen lassen, in Stücke brechen und im ausgeschalteten Ofen warmhalten. Die Suppe im Standmixer oder mit dem Stabmixer (siehe Tipp Seite 23) fein pürieren und zusätzlich durch ein feines Sieb streichen. Die Crème fraîche untermixen. Mit Salz und Pfeffer abschmecken.

- Zum Servieren die Nektarinenspalten dekorativ in Suppenschalen anrichten, mit gehackten Macadamianusskernen bestreuen, die heiße Brokkolisuppe vorsichtig angießen und mit Speckchips garnieren.

Nils' Tipp: Im Gegensatz zu den meisten Pflanzenölen hat Butter einen niedrigeren Rauchpunkt, das heißt, sie verbrennt schneller. Wenn Sie also in Butter braten, sollten Sie dies immer nur bei mittlerer und nie bei starker Hitze tun.

→ etwas aufwendiger, besonders

SELLERIECREME

Beef Tatar
Rote Bete
Selleriechips

Für 4 Freunde

Zubereitungszeit: 1 Stunde 30 Minuten + 1 Stunde Kühlzeit

Für die Selleriecreme:
- 1 kleine Knolle Sellerie (ca. 700 g)
- 2 Schalotten
- 50 g Butter
- 100 ml Weißwein
- 1 l Hühnerbrühe
- 200 g Sahne
- 100 ml Milch
- 3 EL Crème fraîche
- frisch gemahlener schwarzer Pfeffer

Für die Rote Bete:
- Meersalz
- 2 Knollen Rote Bete
- 1 EL weißer Aceto balsamico
- 2 EL bestes Olivenöl
- 1 Prise Zucker

Für das Beef Tatar:
- 300 g Rinderfilet
- 1 Schalotte

Für die Creme den Sellerie schälen und in Würfel schneiden. Die Schalotten abziehen und fein würfeln. Die Butter in einem Topf erhitzen. Die Schalottenwürfel darin bei mittlerer Hitze glasig schwitzen. Den Sellerie dazugeben und kurz mitschwitzen. Mit dem Weißwein ablöschen und die Flüssigkeit fast vollständig einkochen lassen. Brühe, Sahne und Milch angießen und den Sellerie bei mittlerer Hitze 30 Minuten sehr weich köcheln.

In der Zwischenzeit für die Rote Bete in einem Topf ausreichend Salzwasser aufkochen. Bei Bedarf die Blätter über dem Knollenansatz abdrehen und die Roten Beten gründlich waschen. Stiel- und Wurzelansatz nicht entfernen. Die Knollen im kochenden Wasser je nach Größe etwa 50 Minuten weich, aber noch bissfest garen.

Den weichen Sellerie samt restlichem Topfinhalt mit dem Stabmixer sehr fein pürieren. Die Crème fraîche untermixen, dann die Suppe zusätzlich durch ein feines Sieb streichen. Mit Salz und Pfeffer abschmecken. Die Suppe abgedeckt im Eisfach mindestens 1 Stunde kalt stellen, dabei mit einem Schneebesen alle 15 Minuten gut durchrühren, damit sie schneller abkühlt.

Währenddessen für das Beef Tatar das Rinderfilet von Fett und Sehnen befreien und mit einem sehr scharfen Messer in ganz feine Würfe schneiden. Die Schalotte abziehen und sehr fein würfeln. Die Kapern abtropfen lassen und fein hacken. Rinderfilet, Schalotte, Kapern, Eigelb, Dijon-Senf, Ketchup, Schnittlauch und Kerbel in einer Schüssel sorgfältig mischen. Mit einem kleinen Schuss Olivenöl, ein paar Tropfen Worcestersauce, Zitronenabrieb, Salz und Pfeffer abschmecken. Bis zum Servieren abgedeckt im Kühlschrank ruhen lassen.

Für die Selleriechips das Öl in einem Topf erhitzen (siehe Seite 13/14). Den Sellerie schälen, mit dem Sparschäler oder der Aufschnittmaschine feine Streifen abschneiden und im heißem Öl 1–2 Minuten knusprig frittieren. Herausheben und auf Küchenpapier abtropfen lassen. Mit etwas Salz würzen.

- 1 EL Kapern (in Lake)
- 1 sehr frisches Eigelb
- 1 TL Dijon-Senf
- 1 TL Ketchup
- 1 EL feine Schnittlauchröllchen
- 1 EL fein geschnittener Kerbel

- 1 Schuss bestes Olivenöl
- 1 TL Worcestersauce
- 1 Messerspitze Bio-Zitronenabrieb (oder -zesten)

Für die Selleriechips:
- 1 l neutrales Pflanzenöl
- ¼ Knolle Sellerie (ca. 200 g)

Außerdem:
- 4 runde Anrichteringe

- Die Rote Bete abgießen, leicht abkühlen lassen, dann schälen und in gleichmäßige Würfel schneiden. Die Würfel in einer Schüssel mit Aceto balsamico, Olivenöl, Zucker und Salz marinieren.

- Das Beef Tatar auf tiefen Tellern in den Anrichteringen in Form bringen. Rundherum die Rote-Bete-Würfel verteilen, dann das eiskalte Selleriesüppchen angießen und mit Selleriechips garnieren. Sofort servieren.

Nils' Tipp: Wenn Sie Rote Bete frisch kaufen und selbst garen möchten, so wie in diesem Rezept, sollten Sie sich beim Kauf für weniger schadstoffbelastete Bio-Ware entscheiden. Denn durch die Überdüngung unserer Felder und Böden lagert sich in den Knollen Nitrat ab, das beim Kochen zu gesundheitsschädlichem Nitrit und Nitrosaminen werden kann. Mit Bio-Gemüse sind sie hier auf der sicheren Seite.

Zum Variieren: Sie können diese Suppe natürlich auch warm servieren. Anstelle des kalten Beef Tatars schmecken dann zum Beispiel kleine Kalbfleischbuletten prima dazu.

Ruckzuck-Variante: Wenn die Zeit knapp wird, kann man die frische Rote Bete natürlich auch einmal durch vorgegarte und vakuumierte Rote Bete ersetzen, wobei die vorgegarten Knollen mit dem Geschmack des frischen Gemüses einfach nicht mithalten können!

→ nicht schwer, würzig

KNOBLAUCHSUPPE

Für 4 Freunde

Für die Knoblauchsuppe:
- 150 g Knollensellerie
- 100 g Fenchel
- 150 g mehligkochende Kartoffeln
- 2 Schalotten
- 8 Knoblauchzehen
- 2 Zweige Thymian
- 2 TL Butter
- 150 ml Weißwein
- 80 ml Milch
- 80 g Sahne
- 500 ml Gemüsefond
- 1 EL Zitronensaft
- Meersalz
- frischer Pfeffer
- 120 g Crème fraîche
- Kerbelblätter zum Garnieren

Für dicke Bohnen & Räucherforelle:
- 500 g dicke Bohnen
- Salz
- 200 g geräuchertes Forellenfilet
- bestes Olivenöl zum Beträufeln

Zubereitungszeit: 1 Stunde

Für die Knoblauchsuppe den Sellerie schälen, den Fenchel waschen, beides putzen und in kleine Würfel schneiden. Die Kartoffeln schälen und ebenfalls würfeln. Schalotten und Knoblauch abziehen. Die Schalotten in feine Würfel schneiden. Den Thymian waschen und trocken schütteln.

In einem Topf Wasser aufkochen und den Knoblauch darin 1 Minute blanchieren. Herausnehmen und kalt abschrecken. Den Topf leeren und den Knoblauch zwei weitere Male in frischem Wasser blanchieren (siehe Tipp).

Die Butter in einem Topf erhitzen. Fenchel, Sellerie, Kartoffeln, Schalotten und Knoblauch darin bei mittlerer Hitze glasig schwitzen. Den Thymian dazugeben, mit dem Weißwein ablöschen und die Flüssigkeit vollständig einkochen lassen. Milch, Sahne und Gemüsefond angießen, alles bei niedriger bis mittlerer Hitze 25–30 Minuten weich köcheln.

In der Zwischenzeit die dicken Bohnen aus den Schoten lösen und in kochendem Salzwasser 4–5 Minuten blanchieren. Herausnehmen, sofort in Eiswasser abschrecken und abtropfen lassen. Die Bohnenkerne aus den Häutchen drücken.

Die Thymianzweige aus dem Topf nehmen, den Topfinhalt mit dem Stabmixer fein pürieren und durch ein feines Sieb streichen. Kurz vor dem Anrichten die Suppe noch einmal aufkochen, dann mit Zitronensaft, Salz und Pfeffer abschmecken. Die Crème fraîche mit dem Stabmixer unterziehen und die Suppe aufmixen, bis sie schön schaumig ist. Das Forellenfilet in kleine Stücke zupfen.

Zum Anrichten die Suppe auf Schalen oder tiefe Teller verteilen, mit etwas bestem Olivenöl beträufeln, mit dicken Bohnen und Forellenfilet bestreuen und mit Kerbelblättern garnieren.

Nils' Tipp: Durch das Blanchieren der Knoblauchzehen werden ihnen die Bitterstoffe entzogen, das gibt der Suppe einen harmonischeren Geschmack.

Zum Pimpen: Wer mag, bestreut die Suppe zusätzlich mit feinen Knoblauchchips, wie im Rezept für die Vichysoisse auf Seite 24 beschrieben.

dicke Bohnen
Räucherforelle

LINSENSUPPE

→ *nicht schwer, vegetarisch, orientalisch*

Oriental Style Ducca Mango

Für 4 Freunde

Für die Suppe:
- 1 gelbe Paprikaschote
- 1 Chilischote
- 1 Zwiebel
- 1 Knoblauchzehe
- 50 g Butter
- 350 g gelbe Linsen
- 150 ml Weißwein
- 1 l Gemüsebrühe
- 1 reife Mango
- 1 Bund Koriandergrün
- 250 g Crème fraîche
- 1 EL Ras el-Hanout (marokkan. Gewürzmischung)
- Saft von 1 Limette
- Salz
- frisch gemahlener schwarzer Pfeffer
- bestes Olivenöl
- 100 g griechischer Joghurt (10 % Fett)

Für das Ducca:
- 100 g Haselnusskerne
- 50 g Mandelkerne
- 1 TL Koriandersamen
- 1 TL Kreuzkümmelsamen

Zubereitungszeit: 45 Minuten

- Paprika und Chili waschen, längs halbieren, entkernen und ohne Stielansatz würfeln. Zwiebel und Knoblauch schälen und auch würfeln. Den Backofen auf 160 °C Umluft (180 °C Ober-/Unterhitze, Gas Stufe 2–3) vorheizen.

- Die Butter in einem Topf erhitzen. Zwiebel-, Knoblauch-, Paprika- und Chiliwürfel darin bei mittlerer Hitze ohne Farbe anschwitzen. Die Linsen dazugeben und kurz mitschwitzen. Mit dem Weißwein ablöschen und die Flüssigkeit fast vollständig einkochen lassen. Die Brühe angießen und alles 30 Minuten offen köcheln lassen, bis die Linsen weich sind.

- Inzwischen für das Ducca Haselnuss- und Mandelkerne, Koriander- sowie Kreuzkümmelsamen auf dem Backblech im heißen Ofen 15 Minuten rösten. Herausnehmen, leicht abkühlen lassen und im Mörser grob zerstoßen.

- Für die Suppe die Mango schälen, das Fleisch links und rechts vom Stein schneiden und würfeln. Das Koriandergrün waschen, trocken schütteln und grob zupfen. Crème fraîche und Ras el-Hanout in die fertige Suppe einrühren. Den Topfinhalt in einem Standmixer oder mit dem Stabmixer sehr fein mixen. Die Suppe durch ein feines Sieb passieren. Mit Limettensaft, Salz und Pfeffer abschmecken.

- Zum Anrichten die Mangowürfel auf Suppenschalen verteilen, die heiße Suppe aufgießen, mit ein paar Tropfen bestem Olivenöl beträufeln und mit Koriander, Ducca sowie einem schönen Klecks Joghurt garnieren.

Nils' Warenkunde: Ducca ist eine aus Äthiopien stammende Gewürzmischung, die super zu dieser Suppe passt, aber auch beispielsweise zu Fisch großartig ist. Während in den fertigen Mischungen häufig Sesamsamen und Kichererbsen enthalten sind, stelle ich sie hier aus Haselnuss- und Mandelkernen her, weil so ihr Aroma noch nussiger wird. Die nicht verbrauchte Ducca-Mischung hält sich in einem Schraubglas fest verschlossen und kühl und trocken gelagert 5 Wochen. Darum mache ich direkt immer etwas mehr davon auf Vorrat.

Zum Pimpen: Für eine etwas reichhaltigere Variante mit Fleisch einfach kurzgebratene Spieße oder Stücke von Hähnchenbrust, Lammfilet oder weißem, festfleischigem Fisch ergänzen.

→ ganz einfach, aromatisch

BROTSALAT

**Tomaten
Rosmarinhonig
Ziegenquark**

Für 4 Freunde

Zubereitungszeit: 40 Minuten

Für den Salat:
- 1 kg reife Flaschentomaten
- 200 g Kirschtomaten
- 2 kleine rote Zwiebeln
- 5 EL bestes Olivenöl plus etwas mehr zum Braten
- 1 Prise Zucker
- Meersalz
- frisch gemahlener schwarzer Pfeffer
- 1 Baguette
- 1 Knoblauchzehe
- 1 Bund Basilikum
- 1 Bund Schnittlauch
- 1 Beet Gartenkresse

Für den Honig:
- 4 Zweige Rosmarin
- 4 EL Honig
- Abrieb von 2 Bio-Zitronen

Für den Quark:
- 600 g Ziegenquark
- 2 EL bestes Olivenöl

Für den Salat die Tomaten waschen. Die Flaschentomaten ohne Stielansatz in schöne Scheiben schneiden, die Kirschtomaten halbieren. Die Zwiebeln abziehen und in feine Ringe schneiden. Die Tomaten mit 3 Esslöffeln Olivenöl, Zucker, Meersalz und Pfeffer würzen. Mit Frischhaltefolie abgedeckt beiseitestellen und etwa 30 Minuten marinieren.

In der Zwischenzeit für den Honig den Rosmarin waschen, trocken schütteln, die Nadeln abzupfen und fein hacken. Rosmarin, Honig und Zitronenabrieb vermengen. Beiseitestellen. Den Ziegenquark in einer Schüssel mit dem Olivenöl glatt rühren. Mit Salz und Pfeffer abschmecken.

Den Backofen auf 60 °C Umluft (80 °C Ober-/Unterhitze, Gas nicht empfehlenswert) vorheizen. Das Baguette in 5 Millimeter dünne Scheiben schneiden. In einer Pfanne etwas Olivenöl erhitzen und die Scheiben darin mit dem angedrückten Knoblauch goldbraun braten. Auf Küchenpapier abtropfen lassen und im Ofen warmhalten.

Basilikum und Schnittlauch waschen und trocken schütteln. Die Basilikumblätter abzupfen und nach Wunsch in dünne Streifen schneiden. Den Schnittlauch in feine Röllchen schneiden. Die Gartenkresse vom Beet schneiden, waschen und ebenfalls trocken schütteln.

Zum Anrichten marinierte Tomaten und noch warme geröstete Brotscheiben auf einer Platte schichtweise verteilen. Den Ziegenquark ringsherum in Nocken dazugeben. Quark und Salat mit dem Rosmarinhonig leicht beträufeln und mit Zwiebelringen, Basilikum, Schnittlauch und Gartenkresse garnieren.

Nils' Tipp: Dieses Rezept ist toll zur Resteverwertung. Einfach das Brot vom Vortag nehmen. Zu Tomaten und Ziegenquark passt anstelle von Baguette übrigens auch ein etwas herzhafterer Gegenspieler super, zum Beispiel Sauerteigbrot.

Zum Variieren: Wer Ziegenquark nicht mag oder nicht bekommt, kann ihn natürlich auch durch gewöhnlichen Kuhmilchquark ersetzen. Und wer den Salat als vegane Variante zubereiten möchte, nimmt veganen Quark und ersetzt den Honig zum Beispiel durch Ahornsirup.

→ *etwas aufwendiger, frühlingsfrisch*

SPARGELSALAT

Pfefferlachs
Kräutersenf
Brunnenkresse

Für 4–6 Freunde

Für den Pfefferlachs:
- 1 Lachsseite (ohne Haut; küchenfertig)
- 1 kg Salz
- 1 kg Zucker

Für den Kräutersenf:
- 3 EL Pommery-Senf
- 3 EL Honig
- 20 g rosa Pfefferbeeren
- 20 g getrocknete grüne Pfefferkörner
- 1 ½ Bund Dill
- 1 Bund Estragon
- 1 Bund Kerbel

Für den Spargelsalat:
- 18 dicke Stangen weißer oder grüner Spargel
- Salz
- 1 Prise Zucker
- 1 Spritzer Zitronensaft
- 2 Eigelb
- 2 EL Dijon-Senf
- 2 EL Honig
- 2 EL weißer Aceto balsamico
- 250 ml Sonnenblumenöl
- 50 ml bestes Olivenöl
- frisch gemahlener schwarzer Pfeffer
- 2 Bund Brunnenkresse

Zubereitungszeit: 50 Minuten + 3–4 Stunden Beizzeit

- Den Lachs gründlich waschen, mit Küchenpapier trocken tupfen und noch einmal auf Gräten prüfen. Salz und Zucker mischen. Etwa ein Drittel davon in einer großen, flachen Auflaufform verteilen. Den Fisch mit der Hautseite nach unten auf das Salz-Zucker-Bett legen. Mit der restlichen Beize den Fisch vollständig bedecken und leicht andrücken. Den Lachs mit Frischhalte- oder Alufolie abdecken und im Kühlschrank 3–4 Stunden beizen.

- Für den Kräutersenf Senf und Honig verrühren. Pfefferbeeren und -körner grob zerstoßen. Die Kräuter waschen und trocken schütteln. Den Dill fein schneiden. Estragon- und Kerbelblätter abzupfen und fein hacken. Den Lachs gründlich abspülen, trocken tupfen, auf der Fleischseite mit dem Senf bestreichen, mit Pfeffer und zwei Dritteln vom Dill sowie Estragon und Kerbel bestreuen und mit Frischhaltefolie abgedeckt kalt stellen.

- Für den Spargelsalat die Stangen waschen, den weißen ganz, den grünen im unteren Drittel schälen, die holzigen Enden jeweils abschneiden. Reichlich Salzwasser mit Zucker und Zitronensaft aufkochen und den Spargel darin 4–5 Minuten bissfest garen. Herausnehmen und abtropfen lassen.

- Eigelb, Senf, Honig und Essig mit dem Schneebesen leicht cremig aufschlagen. In einem dünnen Strahl das Öl einfließen lassen, dabei ständig weiterrühren, bis die Sauce eine schöne, samtige Textur hat. Den restlichen Dill unterheben und die Sauce mit Salz und Pfeffer abschmecken. Den Spargel in mundgerechte Stücke schneiden, den Lachs aus der Folie wickeln und mit einem großen, scharfen Messer schräg in dünne Scheiben schneiden. Die Brunnenkresse waschen und trocken schleudern.

- Zum Servieren die Brunnenkresse auf Teller verteilen, Spargelstücke und Lachsscheiben anlegen und das Ganze mit Kräutersenf beträufeln.

Zum Variieren: Anstelle von Brunnenkresse können Sie auch Feldsalat, Sauer- oder Blutampfer verwenden. Das gibt dem Ganzen den gewissen Säurekick!

→ ganz einfach, klassisch

SALAT NIÇOISE

Wachtelei
Thunfisch

Für 4 Freunde

Für den Salat niçoise:
- 8 kleine Kartoffeln
- Meersalz
- 250 g Keniabohnen
- Saft von 2 ½ Zitronen
- 4 junge Artischocken
- 500 g Gelbflossen-Thun (Sashimi-Qualität)
- 16 Kirschtomaten
- 8 Wachteleier, wachsweich gegart
- 100 g kleine Kapern (in Lake)
- 16 Sardellenfilets (in Öl)
- 100 g Kalamata-Oliven (ohne Stein)
- ½ Bund Basilikum
- 1 Bund feiner Rucola
- 3–4 EL bestes Olivenöl
- frisch gemahlener schwarzer Pfeffer

Außerdem:
- 4 runde Anrichteringe (10 cm Ø)

Zubereitungszeit: 40 Minuten

Die Kartoffeln gründlich waschen, mit der Schale in leicht gesalzenem Wasser aufkochen und bei mittlerer Hitze etwa 20 Minuten weich garen. In der Zwischenzeit die Bohnen waschen, putzen und den Stielansatz entfernen. Die Bohnen in kochendem Salzwasser 5–6 Minuten weich, aber noch bissfest garen. Abgießen, sofort in Eiswasser abschrecken und abtropfen lassen.

In einer Schüssel den Saft von 1 Zitrone mit Wasser mischen. Die Artischocken vorbereiten (siehe Seite 24). Den Saft der zweiten Zitrone mit reichlich Salzwasser aufkochen (siehe Tipp Seite 117). Die Artischocken darin 6 Minuten etwas bissfest blanchieren. Wenn sie sich leicht einstechen lassen, herausheben, sofort in Eiswasser abschrecken und abtropfen lassen.

Die weichen Kartoffeln abgießen und kurz ausdampfen lassen, dann noch heiß pellen und abkühlen lassen. In dieser Zeit den Thunfisch in feine Würfel schneiden und bis zum Verzehr in einer abgedeckten Schüssel auf Eis im Kühlschrank aufbewahren.

Die Kirschtomaten waschen und vierteln. Die Bohnen in gleichmäßige Stücke schneiden. Die Wachteleier schälen. Die Kartoffeln in Scheiben schneiden. Die Artischocken vierteln. Die Kapern mit den Sardellenfilets auf Küchenpapier abtropfen lassen. Die Oliven in Scheiben schneiden. Basilikum und Rucola waschen. Das Basilikum trocken schütteln und die Blätter abzupfen. Den Rucola trocken schleudern und verlesen.

Tomaten, Bohnen, Kartoffelscheiben, Artischockenviertel, Kapern und Oliven in einer Salatschüssel mischen. Den Salat mit Olivenöl, 1 Spritzer Zitronensaft, Meersalz und Pfeffer abschmecken. Das Thunfischtatar ebenfalls mit Olivenöl, Salz und Pfeffer abschmecken.

Das Thunfischtatar auf Tellern in den Anrichteringen in Form bringen. Salat, Rucola, halbierte Wachteleier und Sardellenfilets daneben verteilen und das Ganze mit Basilikumblättern garniert servieren.

Zum Abspecken: Anstelle von Wachteleiern können Sie natürlich auch gewöhnliche Hühnereier verwenden. Die Kochzeit der Eier verlängert sich dann von 3 auf 7 Minuten.

→ ganz einfach, klassisch

CAESAR SALAD

Maishuhn
Croûtons

Für 4 Freunde

Für das Dressing:
- 2 Eier
- 8 Sardellenfilets (in Öl)
- 2 TL Dijon-Senf
- 8 Tropfen Worcestersauce
- 200 g saure Sahne
- 150 ml bestes Olivenöl
- 1 Spritzer Zitronensaft
- Meersalz
- frisch gemahlener schwarzer Pfeffer

Für den Caesar Salad:
- 4 Maishähnchenbrustfilets (à ca. 200 g; mit Haut)
- 4 Herzen Romanasalat
- 2 Zweige Rosmarin
- 2 Zweige Thymian
- 2 EL neutrales Pflanzenöl
- 150 g Butter
- 1 Knoblauchzehe
- 6 Scheiben Weißbrot
- 120 g Parmesan oder Grana Padano
- 1 Bund Schnittlauch
- 1 Bund Frühlingszwiebeln

Zubereitungszeit: 35 Minuten

- Für das Dressing die Eier in kochendem Wasser 8 Minuten hart garen. Unter kaltem Wasser abschrecken und schälen. Die Sardellenfilets auf Küchenpapier abtropfen lassen.

- Die Eier halbieren, Eiweiße und Eigelbe trennen – Eiweiße anderweitig verwenden. Eigelbe, Sardellenfilets, Senf und Worcestersauce mit dem Stabmixer fein mixen und die saure Sahne unterrühren. Das Olivenöl in einem dünnen Strahl einrühren, dabei ständig weiter mixen. Mit Zitronensaft, Salz und Pfeffer abschmecken.

- Für den Salat den Backofen auf 160 °C Umluft (180 °C Ober-/Unterhitze, Gas Stufe 2–3) vorheizen. Die Hähnchenbrust unter fließendem kaltem Wasser gründlich waschen und mit Küchenpapier trocken tupfen. Mit Salz und Pfeffer würzen. Die Blätter der Salatherzen grob zupfen, waschen und trocken schleudern. Rosmarin und Thymian waschen und trocken schütteln.

- In einer ofenfesten Pfanne das Pflanzenöl erhitzen und das Fleisch darin bei starker Hitze auf der Hautseite 2–3 Minuten knusprig anbraten. Die Filets umdrehen, die Hitze reduzieren, 2 Esslöffel Butter, Rosmarin, Thymian und angedrückten Knoblauch dazugeben. Das Fleisch in der Pfanne im heißen Ofen etwa 10 Minuten saftig nachgaren, dabei ab und zu mit der Kräuterbutter begießen.

- In der Zwischenzeit das Weißbrot in gleichmäßige Würfel schneiden. Die restliche Butter in einer Pfanne erhitzen und das Brot darin bei mittlerer Hitze unter ständigem Schwenken 5–6 Minuten goldbraun backen. Die Croûtons mit Meersalz würzen, in einem feinen Sieb abtropfen lassen, auf Küchenpapier entfetten und im Backofen beim Hähnchen warmhalten. Den Parmesan in Späne hobeln. Schnittlauch und Frühlingszwiebeln waschen, trocknen und in feine Röllchen beziehungsweise Ringe schneiden.

- Den Romanasalat in einer großen Schüssel mit dem Dressing mischen. Schnittlauch und Frühlingszwiebeln unterheben.

- Den Salat auf einer großen Platte anrichten, das Maishuhn in Fächer aufgeschnitten darauf anrichten, mit Parmesanspänen und Croûtons bestreuen und sofort servieren.

KLEIN *und* VORAB

GAMBAS AL AJILLO

Chili Zitrone

→ *ganz einfach, mediterran*

Für 4 Freunde

Für die Gambas al Ajillo:
- 800 g Bio-Riesengarnelen (geschält und entdarmt)
- 1 Ancho-Chilischote (siehe Tipp)
- 1 Knoblauchknolle
- 1 l neutrales Pflanzenöl
- Meersalz
- frisch gemahlener schwarzer Pfeffer
- ½ Bund Petersilie
- Saft von 1 Zitrone

Zubereitungszeit: 35 Minuten

– Die Garnelen waschen, putzen und mit Küchenpapier trocken tupfen. Die Chilischote halbieren. Den Knoblauch abziehen und die Knolle in feine Scheiben schneiden.

– Das Öl in eine Pfanne geben, die Chilischote und den Knoblauch hinzufügen. Das Öl bei niedriger bis mittlerer Hitze langsam erhitzen. Wenn es schön heiß ist, die Riesengarnelen vorsichtig hineingleiten lassen. Mit Salz und Pfeffer würzen, den Deckel auflegen und die Garnelen bei mittlerer Hitze 5 Minuten ziehen lassen. In der Zwischenzeit die Petersilie waschen und trocken schütteln. Die Blätter abzupfen und fein hacken.

– Die Garnelen samt dem aromatisierten Knoblauch-Chili-Öl in eine Terrakottaschale oder kleine Pfännchen geben, mit Zitronensaft beträufeln und mit gehackter Petersilie bestreuen.

– Die Gambas al Ajillo sofort und heiß servieren. Mit frischem Baguette und einem Glas Weißwein dazu schmeckt das Gericht nach Urlaub im sonnigen Süden!

Nils' Warenkunde: Die getrocknete Ancho-Chilischote ist ein mexikanischer Chiliklassiker mit vergleichsweise milder Schärfe. Das Grün der auch Poblano genannten frischen Schote ist etwas dunkler als das unserer gewöhnlichen Gemüsepaprika, ihr Geschmack etwas kräftiger. Rot gereift und getrocknet werden sie als Ancho-Chilis verkauft. Bei uns bekommt man sie in südamerikanischen Supermärkten, im Feinkosthandel oder über das Internet. Wenn sie richtig trocken ist, können Sie sie auch im Mörser fein zerstoßen. Falls Sie keine Ancho bekommen, können Sie diese durch 2 eingelegte Piri-Piri-Schoten oder gewöhnliche rote Chilis ersetzen.

SÜSSKARTOFFELN

Guacamole
Gewürzsalz

→ nicht schwer, exotisch

Für 4 Freunde

Für die Süßkartoffeln:
- 4 große Süßkartoffeln
- grobes Meersalz
- 2 EL Speisestärke
- 2–3 EL Mehl
- 1 l neutrales Pflanzenöl zum Frittieren
- Zitronenspalten zum Servieren

Für das Gewürzsalz:
- ½ Sternanis
- ½ Zimtstange
- 1 TL Koriandersamen
- 1 TL Kreuzkümmelsamen
- 1 EL schwarze Sesamsamen
- 100 g grobes Meersalz
- Abrieb von 1 Bio-Zitrone
- 1 TL Kakaopulver
- 1 TL Chilipulver

Für die Guacamole:
- 2 reife Avocados
- ½ Knoblauchzehe
- 1 kleine grüne Chilischote
- 2 EL Crème fraîche
- Saft von 1 Limette
- 50 g bestes Olivenöl
- frisch gemahlener schwarzer Pfeffer

Zubereitungszeit: 1 Stunde

- Die Süßkartoffeln gründlich waschen und mit Schale in reichlich Salzwasser je nach Größe 30–45 Minuten weich, aber nicht zu weich garen.

- In der Zwischenzeit für das Gewürzsalz Sternanis, Zimt, Koriander, Kreuzkümmel und Sesam in einer beschichteten Pfanne ohne Fett bei mittlerer Hitze leicht anrösten, bis sie zu duften beginnen. Die Gewürze in einen Mörser umfüllen, leicht abkühlen lassen, dann grob zerstoßen und mit Meersalz, Zitronenabrieb, Kakao- und Chilipulver sorgfältig mischen.

- Für die Guacamole die Avocados halbieren und den Stein entfernen. Das Fruchtfleisch herauskratzen und mit einer Gabel zerdrücken. Den Knoblauch abziehen und sehr fein hacken. Die Chilischote waschen, längs halbieren, entkernen und in feine Würfel schneiden. Avocados, Knoblauch, Chili und Crème fraîche in einer Schüssel gut mischen. Mit Limettensaft, Olivenöl, Salz und 1 guten Prise Pfeffer abschmecken.

- Die weichen Süßkartoffeln abgießen, abkühlen lassen und von der Schale befreien. Die Knollen in Spalten schneiden, mit dem Gewürzsalz leicht würzen und in der Speisestärke-Mehl-Mischung kurz wenden. Das Pflanzenöl in einem Topf auf 170 °C erhitzen (siehe Seite 13/14). Die Kartoffelspalten vorsichtig ins heiße Fett geben und 4–5 Minuten goldgelb und knusprig ausbacken, dabei hin und wieder im Topf bewegen. Herausnehmen und auf Küchenpapier abtropfen lassen.

- Die knusprigen Süßkartoffelspalten mit dem Gewürzsalz bestreuen und mit der Guacamole sowie Zitronenspalten servieren.

Nils' Tipp: Das restliche Gewürzsalz lässt sich – in einem Einmachglas mit Twist-off-Schraubdeckel gut verschlossen – bis zu einem halben Jahr aufbewahren. Es passt zum Beispiel auch gut zu Fleisch- beziehungsweise Grillgerichten.

→ *ganz einfach, sommerlich*

RUCOLASALAT

Für 4 Freunde

Für den Rucolasalat:
- 20 Kirschtomaten
- 2 Bund frischer Rucola
- 1 Bund Basilikum
- 4 EL Pinienkerne
- 12 Scheiben sehr guter Serranoschinken

Für das Dressing:
- 5 EL bestes Olivenöl
- 3 EL mittelalter Aceto balsamico
- 1 TL Dijon-Senf
- 2 TL Honig
- Meersalz
- frisch gemahlener schwarzer Pfeffer

Für den Grillpfirsich:
- 4 reife Pfirsiche

Zubereitungszeit: 30 Minuten

- Für den Salat die Kirschtomaten waschen und halbieren. Den Rucola verlesen, waschen und trocken schleudern. Das Basilikum waschen, trocken schütteln und die Blätter abzupfen. Beides in einer großen Schüssel mischen. Die Pinienkerne in einer beschichteten Pfanne ohne Fett goldbraun rösten. Die Kerne in eine Schüssel umfüllen und abkühlen lassen.

- Für das Dressing Olivenöl, Aceto balsamico, Senf und Honig zu einem leichten Dressing verschlagen. Mit etwas Salz und Pfeffer abschmecken.

- Für den Grillpfirsich die Früchte waschen, trocken reiben, halbieren und den Stein entfernen. Eine Grillpfanne heiß werden lassen und die Pfirsichhälften mit der Schnittfläche nach unten darin bei starker Hitze 2–3 Minuten anbraten, bis sie ein schönes Grillmuster annehmen. Herausnehmen und beiseitestellen.

- Den Rucola-Basilikum-Salat auf Teller verteilen, gegrillten Pfirsich, Kirschtomaten und Schinkenscheiben dekorativ anlegen, das Ganze mit dem Dressing beträufeln und mit Pinienkernen bestreut servieren.

Nils' Tipp: Den Pfirsich können Sie im Sommer natürlich auch wunderbar auf den heißen Grill legen. Damit er am heißen Rost nicht festklebt, sollten Sie die Hälften in diesem Fall allerdings zuvor mit ein wenig neutralem Pflanzenöl, zum Beispiel Raps- oder Sonnenblumenöl, bestreichen.

Basilikum
Serranoschinken
Grillpfirsich

→ *nicht schwer, mediterran*

KARTOFFELTORTILLA

Manchego
bunte Tomaten

Für 4 Freunde

Zubereitungszeit: 50 Minuten

Für die Kartoffeltortilla:
- 150 g Räucherspeckwürfel
- 1 kg Kartoffeln
- 1 grüne Paprikaschote
- 3 Stiele Petersilie
- 1 Zwiebel
- 1 Knoblauchzehe
- 1 l neutrales Pflanzenöl
- ½ TL Pimentón de la Vera
- Salz
- frisch gemahlener schwarzer Pfeffer
- 6 Eier
- 2 EL gutes Olivenöl

Für Manchego & Tomaten:
- 500 g Manchego (span. Schafskäse)
- 500 g bunte Tomaten
- ½ Bund Basilikum
- 2 EL bestes Olivenöl
- 1 EL weißer Aceto balsamico

- Für die Kartoffeltortilla den Backofen auf 160 °C Umluft (180 °C Ober-/Unterhitze, Gas Stufe 2–3) vorheizen. Die Speckwürfel in einer Pfanne ohne zusätzliches Fett bei mittlerer Hitze 5–6 Minuten auslassen. Die Pfanne vom Herd nehmen und beiseitestellen. Die Kartoffeln schälen und in 5 Millimeter dicke Scheiben schneiden. Die Paprika waschen, halbieren, entkernen und ohne Stielansatz in kleine Würfel schneiden. Die Petersilie waschen, trocken schütteln, die Blätter abzupfen und fein hacken. Zwiebel und Knoblauch abziehen und ebenfalls würfeln.

- Das Pflanzenöl in einer feuerfesten Pfanne erhitzen und die Kartoffelscheiben darin bei niedriger bis mittlerer Hitze etwa 15 Minuten ohne Farbe weich köcheln. Zwiebel, Knoblauch und Paprikawürfel dazugeben und mitgaren, bis sie ebenfalls weich sind. Den Pfanneninhalt durch ein Sieb abgießen und in eine Schüssel umfüllen. Mit Pimentón de la Vera, Salz und Pfeffer abschmecken.

- Die Eier verquirlen. Eier, Speck und Petersilie zügig zu den noch heißen Kartoffeln geben und alles gut verrühren. Das Olivenöl in der Kartoffelpfanne erhitzen, die Kartoffeln wieder hineingeben, mit der Eiermischung begießen und alles gut vermengen. Die Masse bei mittlerer Hitze 4–5 Minuten stocken lassen. Die Tortilla mit der Pfanne in den heißen Ofen schieben und 8 Minuten fertig garen.

- In der Zwischenzeit den Manchego in kleine Würfel schneiden. Die Tomaten waschen, halbieren, entkernen und ohne Stielansatz ebenfalls klein schneiden. Das Basilikum waschen und trocken schütteln. Die Blätter abzupfen und fein schneiden. Käse, Tomaten und Basilikum mit Olivenöl und Essig marinieren. Mit Salz und Pfeffer abschmecken.

- Die Pfanne aus dem Ofen nehmen und kurz abkühlen lassen. Die Tortilla auf einen Teller stürzen, dazu die Pfanne mit einem großen Teller bedecken, dann beides schwungvoll wenden.

- Die Tortilla auf einer großen Platte im Ganzen anrichten und mit Manchego sowie bunten Tomaten bestreut servieren. Dazu passt ein knackiger Salat.

→ *nicht schwer, raffiniert*

CROSTINI

Roquefort-Birnen
Haselnuss
Lardo

Für 4 Freunde

Für die Crostini:
- 2 Zweige Rosmarin
- 2 Zweige Thymian
- 12 schöne Salbeiblätter
- 150 ml gutes Olivenöl
- 1 Baguette
- 2 Knoblauchzehen

Für Roquefort-Birnen, Haselnuss & Lardo:
- 50 g Haselnusskerne
- 1 große, reife Birne
- 1 EL gutes Olivenöl
- 150 g Roquefort
- 12 dünne Scheiben Lardo (ital. fetter Speck)
- Meersalz
- frisch gemahlener schwarzer Pfeffer

Zubereitungszeit: 45 Minuten

- Den Backofengrill vorheizen. Rosmarin, Thymian und Salbei waschen und trocken schütteln. Jeweils 2 Esslöffel Olivenöl in einer Pfanne erhitzen. Vom Baguette insgesamt 12 Scheiben à 5 Zentimeter Dicke abschneiden, in zwei Durchgängen mit Rosmarin, Thymian sowie angedrücktem Knoblauch in der Pfanne verteilen und bei mittlerer Hitze von jeder Seite 3–4 Minuten goldgelb und knusprig ausbraten, dabei das Brot nach der Hälfte der Zeit einmal wenden.

- Die Baguettescheiben auf Küchenpapier abtropfen lassen. In einer Pfanne das restliche Öl erhitzen (siehe Seite 13/14) und die Salbeiblätter darin bei mittlerer Hitze etwa 1 Minute knusprig ausbraten. Herausnehmen und ebenfalls auf Küchenpapier abtropfen lassen.

- Für die Roquefort-Birnen die Haselnusskerne in einer beschichteten Pfanne ohne Fett anrösten, leicht abkühlen lassen und grob hacken. Die Birne waschen, mit Schale vierteln, entkernen und in Würfel schneiden. 1 Esslöffel Olivenöl in einer Pfanne erhitzen und die Birnenwürfel darin bei mittlerer Hitze 5–6 Minuten leicht mit etwas Farbe anbraten.

- Den Roquefort in Stücke bröseln, vorsichtig mit den abgekühlten Birnenwürfeln mischen, auf den gerösteten Brotscheiben verteilen und mit gehackten Haselnusskernen bestreuen. Die Crostini mit je 1 schönen Scheibe Lardo belegen und unter dem heißen Grill etwa 3–4 Minuten kurz gratinieren, bis der Lardo zu schmelzen beginnt.

- Die Crostini auf einem Servierteller anrichten, mit einem Hauch Meersalz und frisch gemahlenem Pfeffer bestreuen und mit je 1 Salbeiblatt garniert servieren.

Zum Pimpen: Wer einen kleinen Flambierbrenner besitzt, kann den Lardo damit nach dem Belegen auch am Tisch ganz cool abflämmen, anstatt die Scheiben unter den Backofengrill zu schieben.

Zum Abspecken: Um etwas Fett und Zeit zu sparen, können Sie die Baguettescheiben auch mit nur wenig Öl beträufeln und im heißen Backofen bei 180 °C Umluft (200 °C Ober-/Unterhitze, Gas Stufe 3–4) 4 Minuten knusprig backen.

→ *ganz einfach, edel*

KALBSCARPACCIO

Rucola
Senfvinaigrette

Für 4 Freunde

Für das Kalbscarpaccio:
- 500 g Kalbsfilet
- 2 EL Pinienkerne
- 2 EL kleine Kapern (in Lake)
- 12 Kirschtomaten
- 1 Bund Rucola (kleine Blätter)
- 8 Stiele Basilikum
- Parmesanspäne zum Garnieren

Für die Senfvinaigrette:
- 3 EL alter Aceto balsamico
- 5 EL bestes Olivenöl
- 1 TL Pommery-Senf
- 1 Prise Zucker
- Meersalz
- frisch gemahlener schwarzer Pfeffer

Zubereitungszeit: 30 Minuten

Das Kalbsfilet in dünne Scheibchen schneiden (siehe Tipp). Die Scheibchen zwischen zwei Lagen Frischhaltefolie mit der glatten Seite des Fleischklopfers oder dem Boden einer schweren Pfanne plattieren. Die Pinienkerne in einer beschichteten Pfanne ohne Fett goldbraun rösten. In eine Schüssel umfüllen und abkühlen lassen. Die Kapern abtropfen lassen.

Die Kirschtomaten waschen und halbieren. Den Rucola waschen, trocken schütteln und verlesen. Das Basilikum waschen, trocken schütteln und die Blätter abzupfen.

Für die Senfvinaigrette Aceto balsamico, Olivenöl und Pommery-Senf verquirlen. Mit Zucker, Salz und Pfeffer abschmecken.

Auf jedem Teller einen Klecks Senfvinaigrette ausstreichen und die Kalbsfiletscheiben auflegen. Kirschtomaten, Rucola und Basilikum rundherum anrichten, mit Kapern und Pinienkernen bestreuen, mit Vinaigrette beträufeln, mit Meersalz und Pfeffer noch einmal würzen. Das Carpaccio mit Parmesanspänen garniert servieren.

Nils' Tipp: Zum rohen Verzehr sollte das Fleisch besonders frisch sein. Wenn Sie es vor dem Schneiden in Frischhaltefolie wickeln und im Tiefkühlfach 2 Stunden anfrieren, lässt es sich – im Idealfall mit der Aufschnittmaschine – besonders gut schneiden.

→ nicht schwer, vielseitig, vegetarisch

MIXED PICKLES

Für 6–8 Gläser

Für den Sud:
- 100 g Ingwer
- 1 große Zwiebel
- 2 Knoblauchzehen
- 250 g brauner Zucker
- 500 ml Weißwein
- 200 ml weißer Aceto balsamico
- 200 g Salz
- 3 Nelken
- 2 Kardamomkapseln
- 2 Chilischoten
- 2 Lorbeerblätter
- 1 Zimtstange
- 1 Sternanis
- 2 EL Koriandersamen
- 1 EL Kümmelsamen

Für die Einlage:
- 1 kg kleine Einmachgurken
- 500 g Babymaiskolben
- 500 g rote Paprikaschoten
- 500 g gelbe Paprikaschoten
- 250 g Staudensellerie
- 500 g Blumenkohl
- 500 g Möhren
- 500 g weiße Champignons

Außerdem:
- 6–8 Einmachgläser mit Twist-off-Schraubdeckel (à ca. 500 ml)

Zubereitungszeit: 1 Stunde + 1 Monat Ziehzeit

- Den Backofen auf 140 °C Umluft (160 °C Ober-/Unterhitze, Gas Stufe 1–2) vorheizen. Für den Sud den Ingwer waschen und mit Schale in Scheiben schneiden. Zwiebel und Knoblauch abziehen. Die Zwiebel in Streifen schneiden, den Knoblauch achteln. Den Zucker in einem großen Topf bei mittlerer Hitze hellbraun karamellisieren. Mit dem Weißwein ablöschen. 3 Liter Wasser angießen, die restlichen Sudzutaten dazugeben und die Mischung offen 10 Minuten köcheln lassen.

- In der Zwischenzeit für die Einlage Gurken, Babymais, Paprika, Sellerie und Blumenkohl waschen. Gurken und Maiskölbchen je nach Größe ganz belassen oder halbieren. Die Paprikaschoten halbieren, entkernen und ohne Stielansatz mit dem Staudensellerie in etwas größere Stücke schneiden. Den Blumenkohl in Röschen teilen. Die Möhren schälen und in Stücke schneiden. Die Champignons gründlich putzen, bei Bedarf mit Küchenpapier trocken abreiben und je nach Größe halbieren oder vierteln.

- Das Gemüse in den kochenden Gewürzsud geben, 2 Minuten mitköcheln, auf die Einmachgläser verteilen, mit dem heißen Fond übergießen und damit bedecken. Die Gläser sofort verschließen, umgedreht auf ein Backblech stellen und im heißen Ofen 40 Minuten sterilisieren.

- Die Gläser herausnehmen, abkühlen lassen und wieder richtig herum drehen. Das Gemüse vor dem Verzehr mindestens 1 Monat ziehen lassen. So zubereitet hält es sich kühl und trocken gelagert mindestens 1 Jahr.

- Die Mixed Pickles schmecken hervorragend zu Roastbeef, Braten oder auch geräuchertem Fisch.

Nils' Tipp: Falls vom Gewürzsud etwas übrig bleibt, diesen einfach heiß in ein steriles Glas füllen und beim nächsten Einlegen wieder benutzen.

Gewürze
Ingwersud

→ *etwas aufwendiger, raffiniert*

ENTENRILLETTE

Kumquatchutney
Grillbrot

Für 4 – 6 Freunde

Für die Entenrillette:
- 4 Entenconfit-Keulen (siehe Rezept Seite 106f.)
- 3 Schalotten
- 1 Knoblauchzehe
- 300 g Entenschmalz
- 100 g Räucherspeckwürfel
- 3 EL Schnittlauchröllchen
- 3 EL gehackte Petersilie
- Meersalz
- frisch gemahlener schwarzer Pfeffer
- 3 EL alter Aceto balsamico

Für das Kumquatchutney:
- 1 kg Kumquats (Zwergorangen)
- 1 Vanilleschote
- 200 g Zucker
- 100 ml Bitterorangenlikör (z.B. Grand Marnier)
- 1 l Orangensaft
- 1 TL Speisestärke

Für das Grillbrot:
- 6 Scheiben gutes, frisches Sauerteigbrot

Außerdem:
- 4 Einmachgläser mit Twist-off-Schraubdeckel (à 500 ml)
- 4 Einmachgläser mit Twist-off-Schraubdeckel (à 300 ml)

Zubereitungszeit: 2 Stunden + 3 Stunden Kühlzeit

- Das Entenconfit im vorgeheizten Backofen bei 140 °C Umluft (160 °C Ober-/Unterhitze, Gas Stufe 1–2) etwa 10 Minuten erwärmen. In der Zwischenzeit Schalotten und Knoblauch abziehen und in feine Würfel schneiden. Die Haut der Keulen abziehen und das Fleisch in feine Stücke zupfen. Die Stücke in eine Schüssel geben und mäßig warmhalten.

- 2 Esslöffel Entenschmalz in einem Topf erhitzen. Schalotten, Knoblauch und Räucherspeck darin bei mittlerer Hitze glasig schwitzen. Zum Fleisch geben. Schnittlauch und Petersilie mit dem Fleisch mischen. Mit Salz und Pfeffer abschmecken. Das restliche Entenschmalz erhitzen und untermischen. Die Rillette in Einmachgläser füllen, gut verschließen und kalt stellen.

- Für das Chutney die Kumquats in kochendem Salzwasser etwa 1 Minute blanchieren. Herausnehmen, in Eiswasser abschrecken und abtropfen lassen. Diesen Vorgang 3-mal wiederholen, um den Früchten die Bitterstoffe zu entziehen. Die Zwergorangen in 3 Millimeter dünne Scheiben schneiden.

- Die Vanilleschote längs einritzen, das Mark herauskratzen und mit Zucker und Bitterorangenlikör in einem Topf erhitzen, bis der Zucker schmilzt. Sobald er sich hellbraun färbt, die Kumquatscheiben hinzufügen und den Karamell mit dem Orangensaft ablöschen. Das Chutney bei mittlerer Hitze etwa 1 Stunde einkochen, bis die Kumquats weich sind und die Flüssigkeit reduziert ist. Falls nötig, etwas Speisestärke mit wenig kaltem Wasser glatt rühren und das Chutney damit binden. Das Chutney noch heiß in sterile Einmachgläser füllen, die Gläser 10 Minuten auf den Kopf stellen, dann wieder wenden und kalt stellen.

- Vor dem Servieren das Sauerteigbrot im heißen Backofen (180 °C Umluft, 200 °C Ober-/Unterhitze, Gas Stufe 3–4) 5–6 Minuten rösten.

- Die kalte Entenrillette mit dem Kumquatchutney und dem Grillbrot auf Tellern anrichten und mit altem Aceto balsamico beträufelt servieren. Das restliche Chutney hält sich in Einmachgläser abgefüllt und kühl gelagert einige Monate – es pimpt zum Beispiel auch eine simple Käseplatte!

ORECCHIETTE

→ *ganz einfach, mediterran*

Für 4 Freunde

- 500 g Fenchelsalsiccia
- 100 g getrocknete Tomaten (in Öl)
- 1 rote Zwiebel
- 1 Knoblauchzehe
- 1 kleine rote Chilischote
- 100 ml gutes Olivenöl
- 1 Prise brauner Zucker
- 300 g stückige Tomaten (aus der Dose)
- 500 g Orecchiette
- Meersalz
- 1 Bund Basilikum
- 1 Bund Petersilie
- Abrieb und Saft von 1 Bio-Zitrone
- frisch gemahlener schwarzer Pfeffer
- frisch geriebener Parmesan zum Bestreuen

Zubereitungszeit: 30 Minuten

- Die Salsiccia aus der Pelle drücken und das Brät in mundgerechte Stücke teilen. Die getrockneten Tomaten auf Küchenpapier abtropfen lassen und klein schneiden. Zwiebel und Knoblauch abziehen. Die Zwiebel längs halbieren und in Streifen schneiden. Den Knoblauch fein würfeln. Die Chilischote waschen, der Länge nach halbieren, entkernen und ohne Stielansatz fein hacken.

- Das Olivenöl in einer großen Pfanne erhitzen und die Salsiccia darin bei starker Hitze scharf anbraten. Zwiebelstreifen, Knoblauchwürfel und gehackte Chilischote dazugeben und kurz mitrösten. Die getrockneten Tomaten ebenfalls hinzufügen. Den Pfanneninhalt mit braunem Zucker bestreuen und leicht karamellisieren. Die stückigen Tomaten angießen und bei niedriger bis mittlerer Hitze leicht köcheln lassen.

- In der Zwischenzeit die Orecchiette in reichlich Salzwasser nach Packungsanweisung bissfest garen. Basilikum und Petersilie waschen und trocken schütteln. Jeweils die Blätter von den Stielen abzupfen und fein schneiden.

- Die fertigen Nudeln in ein Sieb abgießen und noch tropfnass zum Sugo geben. Reichlich Basilikum und Petersilie hinzufügen. Nudeln und Sauce gut durchschwenken, Zitronenabrieb und -saft untermischen. Mit Salz und Pfeffer abschmecken.

- Die Orecchiette auf Teller verteilen und sofort servieren. Den Parmesan zum Bestreuen separat dazu reichen.

Nils' Tipp: Wenn Sie keine Salsiccia bekommen, können Sie diese auch durch gewöhnliche Bratwurst ersetzen. Dann zusätzlich 1 Teelöffel Fenchelsamen im Mörser grob zerstoßen und zusammen mit den Zwiebelstreifen in die Pfanne geben.

Salsiccia
Tomatensugo
Kräuter

→ *ganz einfach, sommerlich*

CEVICHE

vom Schwertfisch
Mango
Paprikamix

Für 4 Freunde

- 500 g frisches Schwertfischfilet
- 250 ml frisch gepresster Zitronensaft plus etwas mehr zum Abschmecken
- 1 reife Mango
- 1 rote Paprikaschote
- 1 gelbe Paprikaschote
- 1 rote Chilischote
- 1 Jalapeño
- 2 Frühlingszwiebeln
- ½ rote Zwiebel
- ½ Bund Koriandergrün
- bestes Olivenöl zum Abschmecken
- Meersalz
- frisch gemahlener schwarzer Pfeffer

Zubereitungszeit: 30 Minuten + 30 Minuten Marinierzeit

- Den Schwertfisch unter fließendem kaltem Wasser waschen und mit Küchenpapier trocken tupfen. Das Filet auf Gräten prüfen und vorhandene ziehen. Das Fischfleisch in gleichmäßige Würfel (2 x 2 Zentimeter) schneiden. Die Schwertfischwürfel in einer flachen Auflaufform verteilen, mit dem Zitronensaft beträufeln, mit Frischhaltefolie bedecken und im Kühlschrank 30 Minuten marinieren.

- In der Zwischenzeit die Mango schälen, das Fleisch links und rechts vom Stein schneiden und würfeln. Paprikaschoten, Chilischote, Jalapeño und Frühlingszwiebeln waschen. Paprika, Chili und Jalapeño längs halbieren, entkernen und ohne Stielansatz in Würfel schneiden. Die Frühlingszwiebeln in feine Ringe schneiden. Die Zwiebel abziehen und ebenfalls würfeln. Den Koriander waschen und trocken schütteln. Die Blätter abzupfen und grob schneiden.

- Den Schwertfisch in einem feinen Sieb abtropfen lassen (siehe Tipp) und in einer Schüssel mit Mango, Paprika, Chili, Jalapeño, Frühlingszwiebeln, Zwiebel und Koriandergrün vermengen. Mit reichlich Olivenöl, etwas Zitronensaft, Salz und Pfeffer abschmecken.

- Das Ceviche auf Tellern anrichten und sofort servieren – es schmeckt an heißen Sommertagen am allerbesten.

Nils' Tipp: Die saure Marinade muss nicht entsorgt werden. In Peru, der Wiege des Ceviche, gilt sie als kräfte- und potenzfördernd. Echte peruanische Kerle kehren nach durchfeierter Nacht gerne in einer der zahlreichen Cevicherien ein und bringen sich mit einem Shooter „Tigermilch" wieder nach vorne. Einen Versuch könnte das wert sein ...

Zum Abspecken: Sie können ein Ceviche auch mit vielen anderen Fischsorten zubereiten, zum Beispiel mit Lachs, Barsch, Heilbutt, Seezunge oder Thunfisch. Je nach Feste des Fleisches sollten Sie die Marinierzeit ein wenig variieren.

LACHSPRALINE

Coleslaw Granatapfel

→ *nicht schwer, raffiniert*

Für 4 Freunde

Für den Coleslaw:
- 450 g Spitzkohl
- 2 Möhren
- 1 mittelgroßer Kohlrabi
- 1 EL fein gehackte Petersilie
- 3 EL Mayonnaise
- 3 EL griechischer Joghurt (10 % Fett)
- 3 EL Honig
- 1 TL grober Senf (z.B. Pommery-Senf)
- 2 EL weißer Aceto balsamico
- Saft von 1 Zitrone
- 1 TL Kümmelsamen
- Salz
- frisch gemahlener schwarzer Pfeffer

Für die Garnitur:
- 1 Granatapfel
- 1 Bund Rucola oder 1 Beet Gartenkresse
- 2 EL frisch geraspelter Meerrettich

Für die Lachspralinen:
- 8 oder 12 große Scheiben Räucherlachs
- 1 EL fein geschnittener Dill

Außerdem:
- 4 Anrichteringe (10 cm ⌀)

Zubereitungszeit: 40 Minuten

- Für den Coleslaw vom Spitzkohl die äußeren Blätter entfernen. Den Kohl fein schneiden, waschen und trocken schleudern. Möhren und Kohlrabi schälen und mittelfein raspeln.

- Kohl, Möhren und Kohlrabi in einer großen Schüssel mit Petersilie, Mayonnaise, Joghurt, Honig, Senf, Essig, Zitronensaft, Kümmelsamen, Salz und Pfeffer kräftig verkneten, bis der Coleslaw schön geschmeidig wird, leicht zerfällt und den ganzen Geschmack der Marinade annimmt. Beiseitestellen und 10 Minuten ziehen lassen.

- In der Zwischenzeit den Granatapfel halbieren und entkernen (siehe Tipp). Den Rucola waschen, trocken schleudern und verlesen. Die Gartenkresse vom Beet schneiden, waschen und trocken schütteln.

- Für die Lachspralinen die Anrichteringe auf ein Blech legen und mit dem Räucherlachs so auslegen, dass die Scheiben den oberen Rand leicht überlappen. Den Coleslaw mit etwas Druck in die Ringe füllen und mit einem Löffel leicht anpressen. Wenn der Ring gut gefüllt ist, die obere Öffnung mit dem überlappenden Lachs verschließen und die Ränder sehr gut andrücken.

- Die gefüllte Praline vorsichtig umdrehen und den Ring ebenso vorsichtig abziehen – der Coleslaw ist jetzt gut vom Räucherlachs umhüllt.

- Die Lachspralinen auf Teller verteilen und mit Dill bestreuen. Granatapfelkerne und Rucola daneben anrichten und das Ganze mit Meerrettichraspeln garniert servieren.

Nils' Tipp: Flecke vom Granatapfel lassen sich nur schwer entfernen. Das Entkernen gelingt mit einem simplen Trick ganz ohne Spritzer: Nehmen Sie ihn vor dem Halbieren in die Hand und klopfen Sie die Schale mit einem Kochlöffel aus Holz ruhig etwas kräftiger an. Das löst die Kerne aus den inneren Lamellen, und das Herausbrechen geht ohne Drücken, Pressen und vor allem Spritzen von der Hand.

→ nicht schwer, vegetarisch

BOHNENSALAT

French Dressing
Curry-Cashews

Für 4 Freunde

Für das Dressing:
- 3 Schalotten
- 1 Knoblauchzehe
- 2 Eigelb
- 100 ml weißer Aceto balsamico
- 75 ml Gemüsebrühe
- 2–3 EL Zitronensaft
- 2 EL Dijon-Senf
- 1 TL Zucker
- 1 Prise Cayennepfeffer
- 200 ml Sonnenblumenöl
- 50 ml bestes Olivenöl
- 3 EL gehackte Petersilie
- Meersalz
- frisch gemahlener schwarzer Pfeffer

Für den Bohnensalat:
- 200 g breite Bohnen
- 200 g Keniabohnen
- 600 g dicke Bohnen

Für die Curry-Cashews:
- 2 EL Butter
- 100 g Cashewkerne
- 1 Prise Currypulver

Zubereitungszeit: 40 Minuten

- Für das Dressing Schalotten und Knoblauch abziehen, sehr fein würfeln und mit Eigelb, Essig, Brühe, Zitronensaft, Senf, Zucker und Cayennepfeffer in einer Schüssel gut verrühren. Sonnenblumenöl und Olivenöl einrühren und aufschlagen, bis das Dressing schön bindet (siehe Tipp). Die Petersilie dazugeben. Mit Salz und Pfeffer abschmecken.

- Für den Salat breite Bohnen sowie Keniabohnen waschen, putzen und Stielansätze entfernen. Die breiten Bohnen in Rauten schneiden und in stark gesalzenem Wasser 8–10 Minuten bissfest blanchieren. Herausheben, in Eiswasser abschrecken und abtropfen lassen. Die Keniabohnen ins kochende Wasser geben und 5–6 Minuten weich, aber noch leicht bissfest garen. Herausheben und wie die breiten Bohnen abschrecken.

- Die dicken Bohnen aus den Schoten lösen und in kochendem Salzwasser 4–5 Minuten blanchieren. Herausnehmen, in Eiswasser abschrecken und abtropfen lassen. Die Bohnenkerne aus den Häutchen drücken. Alle Bohnen mit dem French Dressing mischen. Mit Salz und Pfeffer abschmecken.

- Für die Garnitur die Butter in einer Pfanne erhitzen und die Cashewkerne darin bei mittlerer Hitze goldbraun rösten. Mit dem Currypulver bestäuben.

- Den Bohnensalat auf Teller verteilen und mit den gerösteten Curry-Cashewkernen bestreut servieren.

Nils' Tipps: Achtung! Bohnen niemals roh verzehren. Sie enthalten das Protein Phasin, das starke Magen- und Darmbeschwerden verursachen kann. Der Garvorgang macht es unschädlich.
Dressings lassen sich übrigens super easy mixen, wenn man alle Zutaten in ein großes Schraubglas gibt, dieses gut verschließt und alles kräftig durchschüttelt. Wichtig ist, dass im Glas genug „Raum" zum Schütteln bleibt, es also maximal zu zwei Dritteln gefüllt ist, damit alle Zutaten schön emulgieren, das heißt sich das Öl und die anderen Flüssigkeiten optimal verbinden können. Also nix wie ran ans Schraubglas – shake it, baby!

Zum Pimpen: Dazu passen hervorragend kurzgebratene Lammfilets.

→ *ganz einfach, klassisch*

WALDORFSALAT

Dinkelcrunch
Bresaola

Für 4 Freunde

Zubereitungszeit: 35 Minuten

Für den Waldorfsalat:
- 1 Knolle Sellerie (ca. 800 g)
- Saft von 1 Zitrone
- 1 Prise Zucker
- Meersalz
- frisch gemahlener schwarzer Pfeffer
- 2 rote Äpfel (z.B. Sorte Elstar; siehe Tipp)

Für das Dressing:
- 2 EL gute Mayonnaise
- 2 EL Crème fraîche
- 1 TL Dijon-Senf

Für den Dinkelcrunch:
- 6 Scheiben Dinkelvollkornbrot
- 150 g Butter

Für den Bresaola:
- 100 g Walnusskerne
- 4 Radieschen
- 1 Beet Gartenkresse
- 320 g Bresaola oder Bündnerfleisch

Außerdem:
- Aufschnittmaschine oder Gemüsehobel

- Für den Waldorfsalat den Sellerie schälen und am besten mit der Aufschnittmaschine oder auf einem Gemüsehobel in 5 Millimeter feine Scheiben schneiden. Die Scheiben mit dem Messer in ebenso feine Streifen schneiden. Die Selleriestreifen in eine Schüssel geben, mit Zitronensaft beträufeln, mit Zucker, Salz und Pfeffer bestreuen und sorgfältig durchmischen. Die Schüssel abdecken und den Sellerie 15 Minuten ziehen lassen.

- In der Zwischenzeit die Äpfel schälen, vierteln, entkernen und ebenfalls in feine Streifen schneiden. Für das Dressing Mayonnaise, Crème fraîche und Senf verquirlen.

- Für den Dinkelcrunch das Brot sehr fein hacken. Die Butter in einer Pfanne erhitzen und die Brösel darin bei mittlerer Hitze etwa 5–6 Minuten knusprig rösten. Herausnehmen und auf Küchenpapier abtropfen lassen. Die Walnusskerne grob hacken oder zerstoßen. Die Radieschen waschen und ohne Stiel- und Wurzelansatz in feine Scheiben schneiden. Die Gartenkresse vom Beet schneiden, waschen und trocken schütteln.

- Den Sellerie mit den Händen noch einmal gut durchkneten, damit die Struktur gebrochen wird und die Streifen geschmeidig werden. Äpfel und Dressing dazugeben und sorgfältig untermischen. Mit Salz und Pfeffer abschmecken.

- Den Waldorfsalat in der Mitte der Teller verteilen, die Bresaolascheiben dazu anrichten, die Radieschenscheiben dekorativ rundherum verteilen, alles mit Walnusskernen sowie Dinkelcrunch bestreuen, mit Gartenkresse garniert servieren.

Nils' Tipp: Das gelblich-weiße Fruchtfleisch des Elstar ist saftig und aromatisch mit einer feinen Säure. Das harmoniert sehr gut mit dem Geschmack des Selleries.

ROASTBEEF

Thai Style
Koriandergrün
Erdnüsse

→ nicht schwer, asiatisch

Für 4 Freunde

Für die Marinade:
- 3 Schalotten
- 1 Knoblauchzehe
- 1 rote Chilischote
- 30 g Ingwer
- 2 Stängel Zitronengras (siehe Tipp)
- 5 EL Sesamöl
- 6 EL Sojasauce
- 4 EL Sweet Chili Sauce (siehe Tipp)
- 3 EL Nam Pla (thailänd. Fischsauce; siehe Tipp)
- 2 EL Tomatenmark
- 2 EL brauner Zucker
- 3 EL Sesamsamen
- 1 Bund Koriandergrün

Für das Roastbeef:
- 600 g Roastbeef
- Meersalz
- frisch gemahlener schwarzer Pfeffer
- 2 EL Sesamöl

Für die Erdnüsse:
- 3 EL geröstete Erdnusskerne

Zubereitungszeit: 30 Minuten

- Für die Marinade Schalotten und Knoblauch abziehen und in feine Würfel schneiden. Die Chilischote waschen, längs halbieren, entkernen und ebenfalls würfeln. Den Ingwer schälen und mit dem weißen Teil vom Zitronengras fein hacken.

- In einem kleinen Topf das Sesamöl erhitzen und alle fein geschnittenen Zutaten darin bei mittlerer Hitze ohne Farbe anschwitzen. Sojasauce, Sweet Chili Sauce, Nam Pla, Tomatenmark und braunen Zucker dazugeben und alles 2 Minuten weiterköcheln. Die Marinade zur Seite stellen und abkühlen lassen.

- Für das Roastbeef das Fleisch von Fett und Sehnen befreien, mit Salz und Pfeffer kräftig würzen und in 4 gleich große Steaks schneiden. Das Sesamöl in einer Pfanne erhitzen und die Steaks darin bei starker Hitze von jeder Seite 3 Minuten scharf anbraten – es sollte medium rare sein. Das Fleisch aus der Pfanne nehmen und abgedeckt 5 Minuten ruhen lassen.

- In der Zwischenzeit die Erdnusskerne nach Belieben grob hacken. Für die Marinade die Sesamsamen in einer beschichteten Pfanne ohne Fett bei mittlerer Hitze goldbraun rösten. In eine Schüssel umfüllen und abkühlen lassen. Den Koriander waschen und trocken schütteln. Die Blätter abzupfen, grob schneiden und mit den Sesamsamen unter die Marinade heben.

- Das Roastbeef in feine Scheiben aufschneiden und auf flachen Tellern oder Platten anrichten, mit der Marinade beträufeln und mit den gerösteten Erdnusskernen bestreut servieren.

Nils' Warenkunde: Die asiatischen Zutaten, also zum Beispiel Zitronengras, Sesamöl, Fischsauce und Sweet Chili Sauce, bekommt man am einfachsten und preisgünstigsten im Asiamarkt, den es in jeder größeren Stadt gibt. Da die asiatische Küche aber bei uns der Renner ist, findet man inzwischen die meisten Zutaten auch im gut sortierten Supermarkt.

→ etwas aufwendiger, mediterran

PULPOSALAT

Passionsfruchtöl
Chorizochips

Für 4 Freunde

Zubereitungszeit: 2 Stunden 15 Minuten

Für den Pulpo:
- 1 Pulpo (ca. 800 g; küchenfertig)
- 1 Zwiebel
- 1 Knoblauchknolle
- 2 Zweige Rosmarin
- 1 l Rotwein
- Meersalz
- 1 EL gutes Olivenöl

Für den Salat:
- 500 g neue Kartoffeln
- 8 Stangen grüner Spargel
- 1 Prise Zucker
- 1 Spritzer Zitronensaft
- 1 EL gutes Olivenöl
- 12 Kirschtomaten
- 1 Bund Rucola
- 12 Kalamata-Oliven

Für die Chorizochips:
- 12 Scheiben Chorizo (span. Wurst)

Für das Passionsfruchtöl:
- 2 Passionsfrüchte
- 150 ml bestes Olivenöl
- frisch gemahlener schwarzer Pfeffer

- Für den Salat den Pulpo vorbereiten. Dazu die Fangarme vom Körper abtrennen. Die harten Kauwerkzeuge zwischen den Armen herausdrücken. Zwiebel und Knoblauch abziehen, den Rosmarin waschen. Die Arme in einen großen Topf geben, den Rotwein angießen und mit so viel Wasser auffüllen, dass der Pulpo gut bedeckt ist. 2 Esslöffel Meersalz, Zwiebel, Knoblauch und Rosmarin dazugeben, alles aufkochen und den Pulpo bei schwacher Hitze 1 ½–2 Stunden weich garen.

- In der Zwischenzeit den Backofen auf 150 °C Umluft (170 °C Ober-/Unterhitze, Gas Stufe 2) vorheizen. Für den Salat die Kartoffeln waschen und mit Schale in kochendem Salzwasser etwa 20 Minuten weich garen. Den grünen Spargel im unteren Drittel schälen und die holzigen Enden entfernen. In einem großen Topf reichlich Salzwasser mit Zucker und Zitronensaft aufkochen und den Spargel darin 4–5 Minuten bissfest garen. Herausnehmen, in Eiswasser abschrecken, abtropfen lassen und beiseitestellen.

- Für die Chorizochips die Wurstscheiben auf einem mit Backpapier ausgelegten Backblech verteilen und im heißen Ofen etwa 10 Minuten knusprig backen. Währenddessen für das Passionsfruchtöl die Früchte halbieren, das Mark herauskratzen und mit dem Olivenöl sowie etwas Salz und Pfeffer leicht aufschlagen.

- Die weichen Kartoffeln abgießen, ausdampfen lassen und mit der Schale halbieren. Den weich gegarten Pulpo aus dem Sud nehmen und abtropfen lassen. Die Arme in Stücke zerteilen, wie die Kartoffelhälften mit wenig Olivenöl bestreichen und in der heißen Pfanne oder auf dem Grill rundherum knusprig anbraten.

- Die Kirschtomaten waschen, trocknen und halbieren. Den Rucola waschen, trocken schütteln, verlesen und harte Stiele entfernen. Die knusprigen Chorizochips aus dem Ofen nehmen und auf Küchenpapier abtropfen lassen. Pulpo, Kartoffeln, Spargel, Kirschtomaten und Oliven in einer Schüssel mit dem Passionsfruchtöl marinieren.

- Den Salat mit dem Rucola auf einer großen Platte anrichten und das Ganze mit den knusprigen Chorizochips garniert servieren.

VEGETARISCH *und* CO.

PAPPARDELLE

→ *ganz einfach, vegan*

Für 4 Freunde

- 1 kg Waldpilze der Saison (z.B. Steinpilze oder Pfifferlinge)
- 2 Schalotten
- 1 Knoblauchzehe
- 2 Zweige Thymian
- 4 EL gutes Olivenöl
- 500 g Pappardelle (siehe Warenkunde)
- Meersalz
- 250 g Kirschtomaten
- ½ Bund Petersilie
- 1 Handvoll Wildkräutersalat
- frisch gemahlener schwarzer Pfeffer
- Saft von 1 Zitrone

Waldpilze
Kirschtomaten

Zubereitungszeit: 35 Minuten

- Die Pilze gründlich putzen, bei Bedarf mit Küchenpapier trocken abreiben und je nach Größe in grobe Stücke schneiden. Schalotten und Knoblauch abziehen und in feine Würfel schneiden. Den Thymian waschen und trocken schütteln. 2 Esslöffel Olivenöl in einer Pfanne erhitzen. Schalotten und Knoblauch darin bei niedriger Hitze glasig schwitzen.

- Die Pappardelle in reichlich Salzwasser nach Packungsanweisung bissfest garen. In der Zwischenzeit die Kirschtomaten waschen und vierteln. Die Petersilie waschen und trocken schütteln. Die Blätter abzupfen und fein schneiden. Den Wildkräutersalat waschen, trocken schleudern und verlesen.

- Das restliche Olivenöl in einer großen Pfanne – sie sollte groß genug sein, damit alle Pilze darin zum Braten gut Platz haben – erhitzen und die Pilze darin bei starker Hitze mit etwas Farbe anbraten. Tomatenviertel und Thymian dazugeben. Mit Meersalz und Pfeffer würzen. Die Schalotten-Olivenöl-Mischung dazugeben und die Pilze mit etwas Zitronensaft beträufeln.

- Einige Kellen Nudelwasser abschöpfen, dann die bissfesten Nudeln in ein Sieb abgießen, kurz abtropfen lassen und unter die Pilze in der Pfanne heben. Alles erneut erhitzen, die Petersilie einstreuen. Nach Belieben vom abgeschöpften Nudelwasser dazugeben. Noch einmal mit Salz und Pfeffer abschmecken.

- Die saftige Pasta auf einer Platte oder in einer Schüssel anrichten und mit Wildkräutersalat garniert servieren.

Nils' Warenkunde: Breit, breiter, am breitesten – Pappardelle sind mit 1–2 Zentimetern die breitesten italienischen Langnudeln. Meist werden sie frisch oder getrocknet zu Nestern gerollt verkauft. Klar, die Nester lösen sich beim Kochen wieder auf, wenn die Nudeln weich werden. Aber auch auf dem Teller machen sie am meisten her, wenn man sie zum Beispiel mithilfe einer großen Fleischgabel wieder zu Nestern gerollt serviert.

Nils' Tipp: Bei der vegetarischen Variante kann noch vegetarischer Hartkäse über das Gericht gehobelt werden.

SELLERIESOTTO

Amarettini Mascarpone

→ *ganz einfach, raffiniert*

Für 4 Freunde

- 50 g Cranberrys
- 300 g Risottoreis
- Meersalz
- 1 Knolle Sellerie (ca. 800 g)
- 1 Apfel
- 1 Zwiebel
- 120 g kalte Butterwürfel
- 120 ml Weißwein
- 50 g vegetarischer Hartkäse (siehe Warenkunde)
- 10 Amarettini
- 1 Stange Staudensellerie
- 1 EL Mascarpone
- frisch gemahlener schwarzer Pfeffer

Zubereitungszeit: 1 Stunde

- Die Cranberrys in einer Schüssel mit lauwarmem Wasser übergießen und einweichen. Den Reis in einem großen Topf mit 1,5 Litern leicht gesalzenem Wasser bedecken, aufkochen, einmal durchrühren und bei geschlossenem Deckel und niedriger Hitze 30 Minuten weich garen.

- Den weichen Reis in ein Sieb abgießen, dabei 500 Milliliter des stärkehaltigen Kochwassers auffangen – es enthält die Stärke, die für die sämige Bindung des Risottos wichtig ist. Den Reis anderweitig verwenden (siehe Tipp). Den Sellerie schälen und in kleine Würfel schneiden. Den Apfel schälen, vierteln, entkernen und ebenfalls in Würfel schneiden. Die Zwiebel abziehen und sehr fein würfeln.

- In einem Topf 60 Gramm Butter erhitzen und die fein geschnittene Zwiebel darin bei mittlerer Hitze glasig schwitzen. Sellerie- und Apfelwürfel dazugeben und kurz mitschwitzen. Mit dem Weißwein ablöschen und die Flüssigkeit fast vollständig einkochen. Wie bei einem „echten" Risotto nach und nach die stärkehaltige Flüssigkeit angießen und den Sellerie etwa 8 Minuten weich garen.

- In der Zwischenzeit die eingeweichten Cranberrys in ein Sieb abgießen und abtropfen lassen. Den Hartkäse fein reiben. Die Amarettini in einen Frischhaltebeutel geben, die Öffnung zuhalten, die Luft herausdrücken und die Kekse mit dem Boden einer Stielkasserolle grob zerbröseln. Den Staudensellerie waschen, trocknen und in feine Würfel schneiden.

- Mascarpone und Käse unterheben. Mit Salz und Pfeffer abschmecken. Den Selleriesotto auf tiefe Teller verteilen, mit Cranberrys garnieren und mit Amerettinibröseln und Staudenselleriewürfeln bestreut servieren.

Nils' Tipp: Natürlich wollen wir keine Lebensmittel verschwenden. Darum werfen Sie den Reis, den Sie für dieses Gericht extra gekocht haben, auf keinen Fall weg. Toll schmeckt er zum Beispiel am nächsten Tag schön knusprig angebraten, mit Zitronensaft beträufelt und mit Avocadowürfeln bestreut.

Nils' Warenkunde: So gerne bestreuen wir Pasta mit Parmesan oder Pecorino. Wer sich vegetarisch ernähren möchte, muss nicht zwingend auf Hartkäse verzichten. Es gibt auch Erzeuger, die ihn mit mikrobiellem anstelle von tierischem Lab herstellen. Am besten einfach an der Käsetheke danach fragen.

→ nicht schwer, orientalisch

COUSCOUS

Pimentos
Schmorzwiebelsud
Kuhmilchkäse

Für 4 Freunde

Zubereitungszeit: 1 Stunde 30 Minuten

- 2 Möhren
- ½ Knolle Sellerie (ca. 400 g)
- 5 große Zwiebeln
- 3 Knoblauchzehen
- 100 ml gutes Olivenöl
- 1 TL Zucker
- 1 EL Tomatenmark
- 500 ml Weißwein
- 250 g stückige Tomaten (aus der Dose)
- 1 l Gemüsebrühe
- 250 g Couscous
- 1 TL Ras el-Hanout (marokkan. Gewürzmischung)
- Meersalz
- frisch gemahlener schwarzer Pfeffer
- 8 rote Spitzpaprikaschoten
- Abrieb und Saft von 1 Bio-Zitrone
- ½ Bund Petersilie
- ½ Bund Koriandergrün
- 200 g Kuhmilchweichkäse (mit mikrobiellem Lab)
- 200 g türkischer Joghurt (10 % Fett)

Außerdem:
- Zahnstocher

- Möhren und Sellerie schälen und in Würfel schneiden. Zwiebeln und Knoblauch abziehen, Zwiebeln in Ringe schneiden, den Knoblauch fein würfeln.

- In einem großen Topf 3 Esslöffel Olivenöl erhitzen. Die Zwiebelringe und Knoblauchwürfel darin bei mittlerer Hitze glasig schwitzen. Den Zucker einstreuen und leicht karamellisieren. Das Tomatenmark einrühren und kurz mitrösten. Mit dem Weißwein ablöschen und die Flüssigkeit vollständig einkochen. Die stückigen Tomaten einrühren. Den Zwiebel-Tomaten-Ansatz in eine Auflaufform geben und die Hälfte der Gemüsebrühe angießen.

- Den Couscous in ein feines Sieb geben, sorgfältig waschen, abtropfen lassen, in eine flache Schüssel umfüllen und mit Ras el-Hanout, Salz und Pfeffer würzen. Die restliche Gemüsebrühe mit den feinen Gemüsewürfeln kurz aufkochen und über den Couscous gießen. Die Schüssel mit Frischhaltefolie luftdicht abdecken und den Couscous etwa 10 Minuten quellen lassen.

- In der Zwischenzeit den Backofen auf 170 °C Umluft (190 °C Ober-/Unterhitze, Gas Stufe 3) vorheizen. Die Paprikaschoten waschen, die oberen Enden abschneiden und die Schoten nach Bedarf von Kernen befreien. Den ausgequollenen Couscous mit dem restlichen Olivenöl, Zitronenabrieb und -saft, Salz und Pfeffer abschmecken und mit einer Gabel auflockern.

- Petersilie und Koriandergrün waschen und trocken schütteln. Die Blätter abzupfen und grob schneiden. Den Kuhmilchkäse nach Bedarf mit Küchenpapier trocken tupfen, in kleine Würfel schneiden und mit den geschnittenen Kräutern zum abgekühlten Couscous geben. Die Paprikaschoten mit dem bunten und würzigen Couscous füllen, dabei die Masse mit dem Löffel gut hineindrücken.

- Den Deckel der Spitzpaprikaschoten mit einem Zahnstocher wieder auf den gefüllten Schoten befestigen und diese in der Auflaufform auf den Schmorzwiebel-Tomaten-Sud legen. Die Form mit einem Deckel oder Alufolie bedecken und im heißen Ofen etwa 45 Minuten schmoren.

- Die weichen Schoten mit dem aromatischen Zwiebel-Tomaten-Sud auf Teller verteilen und mit 1 Klecks Joghurt garniert servieren.

PESTOKARTOFFELN

Ochsenherztomaten
Zitronenfrischkäse

→ *ganz einfach, vielseitig*

Für 4 Freunde

Für die Kartoffeln:
- 2 kg neue Kartoffeln
- Meersalz
- 1 TL Kümmelsamen
- Petersiliensalat zum Garnieren (siehe Tipp)

Für das Pesto:
- 150 g Pinienkerne
- 300 g Basilikum
- 1 Knoblauchzehe
- 100 g vegetarischer Hartkäse (siehe Warenkunde Seite 86)
- 100 ml bestes Olivenöl
- frisch gemahlener schwarzer Pfeffer

Für den Frischkäse:
- 200 g Frischkäse
- 2 EL bestes Olivenöl
- Abrieb von 1 Bio-Zitrone

Für die Tomaten:
- 4 große, reife Ochsenherztomaten
- 4 EL bestes Olivenöl
- Saft von 1 Bio-Zitrone

Zubereitungszeit: 45 Minuten + 30 Minuten Marinierzeit

- Die Kartoffeln gründlich waschen, mit Schale in kochendem Salzwasser aufkochen, den Kümmel dazugeben und die Knollen bei mittlerer Hitze garen, bis sie weich sind, aber noch einen angenehmen Biss haben.

- In der Zwischenzeit für das Pesto die Pinienkerne in einer beschichteten Pfanne ohne Fett goldbraun rösten. In eine Schüssel umfüllen und abkühlen lassen. Das Basilikum waschen, trocken schütteln und die Blätter abzupfen. Den Knoblauch abziehen. Den Hartkäse fein reiben. 1 kleine Handvoll schöne Basilikumblätter beiseitelegen. Den Rest mit zwei Dritteln der abgekühlten Pinienkerne und dem Olivenöl im Standmixer oder mit dem Stabmixer grob durchmixen. Nach und nach den geriebenen Käse untermixen. Falls das Pesto zu dickflüssig ist, etwas mehr Öl hinzufügen. Mit etwas Salz und Pfeffer abschmecken.

- Die weichen Kartoffeln abgießen, ausdampfen lassen und noch heiß schälen. Die warmen Kartoffeln in etwas dickere Scheiben schneiden und in einer Schüssel vorsichtig mit dem Pesto mischen. Die Pestokartoffeln abgedeckt 30 Minuten durchziehen lassen.

- Den Frischkäse mit Olivenöl, Zitronenabrieb, Salz und Pfeffer abschmecken. Die Ochsenherztomaten waschen, trocknen und ohne Stielansatz dünn aufschneiden. Die Scheiben wie ein Carpaccio auf einem großen oder vier kleinen Tellern verteilen. Mit Olivenöl und Zitronensaft beträufeln, mit Pfeffer bestreuen und kurz marinieren.

- Die Pestokartoffeln auf die Tomatenscheiben geben und ein paar Kleckse vom angemachten Frischkäse darauf verteilen. Mit Petersiliensalat garnieren und mit den restlichen Pinienkernen bestreut servieren.

Nils' Tipp: Ich liebe einfache Gerichte. Für einen Petersiliensalat – zum Garnieren oder pur Essen – pro Person 1 Handvoll gewaschene und trocken geschüttelte Petersilienblätter mit etwas Olivenöl und weißem Aceto balsamico marinieren, dann mit Salz und Pfeffer würzen. Nach Belieben etwas Zitronenabrieb dazugeben. Als Garnitur reicht für die 4 Teller 1 Portion Petersiliensalat.

RATATOUILLE

Risoni Hartkäsecrunch

→ *ganz einfach, mediterran*

Für 4 Freunde

Zubereitungszeit: 45 Minuten

Für Ratatouille und Risoni:
- 2 rote Paprikaschoten
- 2 gelbe Paprikaschoten
- 5 Tomaten
- 2 Zucchini
- 1 Aubergine
- 1 Gemüsezwiebel
- 1 Knoblauchzehe
- 2 Zweige Thymian
- 500 g Risoni
- Meersalz
- 2–3 EL gutes Olivenöl
- 2 EL brauner Zucker
- 1 EL Tomatenmark
- 250 g passierte Tomaten
- 12 Kirschtomaten
- 1 Bund Basilikum
- frisch gemahlener schwarzer Pfeffer
- 1 Schuss bestes Olivenöl
- 1 Spritzer Zitronensaft
- geröstete Pinienkerne zum Garnieren

Für den Hartkäsecrunch:
- 100 g vegetarischer Hartkäse (siehe auch Warenkunde Seite 86)

Für das Ratatouille Paprika, Tomaten, Zucchini und Aubergine waschen und trocknen. Die Paprikaschoten halbieren und entkernen. Die Tomaten halbieren und den Stielansatz entfernen. Zucchini und Aubergine ebenfalls vom Stielansatz befreien. Das vorbereitete Gemüse in Würfel schneiden. Zwiebel und Knoblauch abziehen und fein würfeln. Den Thymian waschen und trocken schütteln. Die Blättchen abstreifen und fein hacken.

Die Risoni in kochendem Salzwasser nach Packungsanweisung al dente kochen. In der Zwischenzeit das Olivenöl in einer Schmorpfanne erhitzen. Die Paprikawürfel darin bei mittlerer Hitze 2 Minuten anschwitzen. Auberginen und Zwiebel dazugeben und 2 Minuten mitschwitzen. Knoblauch und Thymian hinzufügen und alles 1 weitere Minute anschwitzen. Den Zucker einstreuen und leicht karamellisieren. Das Tomatenmark einrühren und kurz anbraten. Die passierten Tomaten angießen und das Ganze etwa 10 Minuten einkochen lassen.

In dieser Zeit die Kirschtomaten waschen, trocknen und halbieren. Das Basilikum waschen und trocken schütteln. Die Blätter abzupfen und grob schneiden. 3 Minuten vor Ende der Garzeit Zucchini- und Tomatenwürfel dazugeben. Mit Salz und Pfeffer abschmecken.

Für den Hartkäsecrunch den Käse fein reiben. Eine beschichtete Pfanne mit Backpapier auslegen und den Käse darauf verteilen. Einen zweiten Bogen Backpapier auflegen, mit einem Topf beschweren und den Käse bei mittlerer Hitze etwa 3–4 Minuten braten, bis er geschmolzen ist. Den Chip mit dem Backpapier aus der Pfanne heben, abkühlen und hart werden lassen, dann in Stücke brechen.

Die bissfesten Risoni in ein Sieb abgießen, leicht abtropfen lassen, mit den Kirschtomaten und zwei Dritteln des Basilikums zum Ratatouille geben und alles kurz durchschwenken. Abschließend 1 guten Schuss Olivenöl und 1 Spritzer Zitronensaft hinzufügen. Noch einmal mit Salz und Pfeffer abschmecken.

Die Risoni mit dem Ratatouille auf Teller verteilen, mit dem restlichen Basilikum und Pinienkernen bestreuen und mit Hartkäsecrunch garniert servieren.

→ *ganz einfach, herbstlich*

BUTTERNUSSKÜRBIS

Rosmarin
Schnittlauchquark

Für 4 Freunde

Zubereitungszeit: 35 Minuten

Für den Butternusskürbis:
- 150 g Butter
- 2 Butternusskürbisse (ca. 1,5 kg)
- 2 Zweige Rosmarin
- 50 ml gutes Olivenöl
- 1 Knoblauchzehe
- 1 EL Honig
- Saft von 1 Zitrone
- Meersalz
- frisch gemahlener schwarzer Pfeffer
- grob zerstoßener schwarzer Pfeffer

Für den Schnittlauchquark:
- 1 Bund Schnittlauch
- 250 g Sahnequark
- Abrieb von ½ Bio-Zitrone
- 1–2 EL Arganöl (siehe Warenkunde) oder bestes Olivenöl

- Die Butter klären. Dazu die Butter in einem kleinen Topf bei schwacher Hitze langsam erhitzen und köcheln lassen, bis sie eine schöne goldbraune Farbe annimmt und die Molke als weißer Schaum nach oben steigt. Den Schaum abschöpfen, die braune Butter durch ein feines Sieb gießen und zur Seite stellen.

- Die Kürbisse schälen, halbieren, entkernen und in 5 Zentimeter dicke Scheiben schneiden. Den Rosmarin waschen und trocken schütteln. Das Olivenöl in einer großen Pfanne erhitzen, die Kürbisscheiben darin verteilen, angedrückten Knoblauch und Rosmarin dazugeben und mit der braunen Butter übergießen. Die Kürbisscheiben bei mittlerer Hitze von jeder Seite etwa 5–7 Minuten langsam goldbraun braten. Mit Honig, Zitronensaft, Meersalz und Pfeffer würzen. Den Kürbis bei niedriger Hitze in der Buttermischung noch einige Minuten ziehen lassen, bis er weich ist, aber noch ein wenig Biss hat.

- In der Zwischenzeit für den Schnittlauchquark den Schnittlauch waschen, trocken schütteln und in feine Röllchen schneiden. Quark, Schnittlauchröllchen und Zitronenabrieb mischen. Mit Arganöl, Salz und Pfeffer würzig abschmecken.

- Die goldbraunen Kürbisscheiben auf Teller verteilen, den Schnittlauchquark dazu anrichten und das Ganze mit grob zerstoßenem schwarzem Pfeffer bestreut servieren.

Nils' Warenkunde: Das aus Marokko stammende Arganöl ist aufgrund des aufwendigen Herstellungsprozesses recht teuer, aber eben auch sehr vielseitig. Zu fast 80 Prozent besteht es aus ungesättigten Fettsäuren und ist darum für unseren Körper gesund; zum Beispiel kann es auch vor zu hohen Cholesterinwerten schützen. Weil sein Geschmack recht intensiv ist und eine nussig-rauchige Note hat, nehme ich es gerne zum Würzen.

Zum Variieren: Dieses tolle vegetarische Gericht eignet sich auch super als Vorspeise.

SELLERIESCHNITZEL

→ *nicht schwer, raffiniert*

Für 4 Freunde

Zubereitungszeit: 3 Stunden bis 3 Stunden 30 Minuten

Für die Sellerieschnitzel:
- 2 kleine Knollen Sellerie (à ca. 800 g)
- 1 kg grobes Meersalz
- 1 Bund glatte Petersilie
- frisch gemahlener schwarzer Pfeffer
- 100 g Mehl
- 3 Eier
- 150 g Panko (asiat. Paniermehl)
- 200 g Butterschmalz
- 2 EL Räucheröl (Feinkosthandel)
- 3 EL Ketchup

Für die BBQ-Preiselbeeren:
- 1 Apfel (Sorte Granny Smith)
- 1 walnussgroßes Stück Ingwer
- 250 g Preiselbeeren (aus dem Glas)

Für den Römersalat:
- 4 Herzen Romanasalat
- 4 EL French Dressing (Rezept siehe Seite 75)
- Meersalz

- Für die Sellerieschnitzel den Backofen auf 160 °C Umluft (180 °C Ober-/Unterhitze, Gas Stufe 2–3) vorheizen. Den Sellerie waschen, putzen und trocknen. Das Meersalz auf einem Backblech verteilen, die Knollen roh und mit Schale auflegen und im heißen Ofen 2 ½–3 Stunden weich backen.

- In der Zwischenzeit für die BBQ-Preiselbeeren den Apfel vierteln, schälen, entkernen und fein würfeln. Den Ingwer schälen und fein reiben. Apfel, Ingwer und Preiselbeeren in einem kleinen Topf aufkochen, Räucheröl und Ketchup dazugeben. Vom Herd nehmen und beiseitestellen. Für den Salat die Blätter der Salatherzen grob zupfen, waschen und trocken schleudern.

- Den weichen Sellerie kurz abkühlen lassen. Die Knollen schälen und insgesamt 8 schöne Scheiben à 5 Zentimeter Dicke herausschneiden. Die Petersilie waschen und trocken schütteln. Die Blätter abzupfen und fein hacken.

- Den Sellerie wie gewöhnliche Schnitzel panieren. Dazu die Scheiben von beiden Seiten mit Pfeffer würzen, im Mehl wenden, dann durch die verquirlten Eier ziehen, mit Petersilie bestreuen und im Panko wenden.

- Das Butterschmalz in zwei großen Pfannen erhitzen und die Sellerieschnitzel darin bei mittlerer Hitze von beiden Seiten jeweils 3–4 Minuten goldbraun ausbacken. Herausnehmen und auf Küchenpapier kurz abtropfen lassen. Den Romanasalat mit dem Dressing mischen. Noch einmal mit Salz und Pfeffer abschmecken. Die BBQ-Preiselbeeren ebenfalls noch einmal abschmecken und bei Bedarf nachwürzen.

- Die Sellerieschnitzel mit je 1 Klecks BBQ-Preiselbeeren auf Teller verteilen und mit Römersalat garniert servieren.

BBQ-Preiselbeeren
Römersalat

Nils' Tipps: Das übrige Selleriefleisch eignet sich gut für eine schnelle Suppe (siehe zum Beispiel Rezept Seite 34 – hier entfällt dann die Garzeit des Selleries) oder ein Püree. Für Letzteres das Selleriefleisch fein zerdrücken. Jeweils 2–4 Esslöffel (hängt von der Selleriemenge ab) Butter sowie Crème fraîche untermischen. Mit Zitronensaft, Zucker, Salz und Pfeffer abschmecken. Oder den übrigen Sellerie einfach so wegnaschen … ist schön gesund.

→ *ganz einfach, orientalisch, gut für viele*

TABOULÉ

Gurkenayran
Minze

Für 4 – 6 Freunde

Zubereitungszeit: 30 Minuten

Für das Taboulé:
- 250 g Bulgur
- 750 ml Gemüsebrühe
- 100 g Rosinen
- 100 g Pinienkerne
- 3 Tomaten
- 1 Bund Frühlingszwiebeln
- 1 großes Bund glatte Petersilie
- 1 Bund Koriandergrün
- 100 ml bestes Olivenöl
- Abrieb und Saft von 1 Bio-Zitrone
- 1 Prise Chilipulver
- Meersalz
- frisch gemahlener schwarzer Pfeffer

Für den Gurkenayran:
- 2 Salatgurken
- 15 Blätter Minze
- 1 l eisgekühlter Ayran

- Den Bulgur in ein Sieb geben und unter fließendem kaltem Wasser waschen, bis das Wasser klar ist. Den Bulgur abtropfen lassen und in eine Schüssel umfüllen. Die Gemüsebrühe aufkochen. Den Bulgur mit der heißen Brühe übergießen und abgedeckt 10–15 Minuten ziehen lassen.

- In der Zwischenzeit die Rosinen in lauwarmem Wasser einweichen. Die Pinienkerne in einer Pfanne ohne Fett bei mittlerer Hitze goldbraun rösten, in eine Schüssel umfüllen und abkühlen lassen. Die Tomaten auf der Unterseite kreuzweise einritzen, mit kochend heißem Wasser überbrühen und 1 Minute ziehen lassen. Die Haut der Tomaten abziehen, die Tomaten halbieren, entkernen und ohne Stielansatz in schöne Würfel schneiden.

- Die Frühlingszwiebeln waschen, den Wurzelansatz entfernen und den weißen bis hellgrünen Teil in feine Ringe schneiden. Petersilie und Koriander waschen und trocken schütteln. Die Blätter abzupfen und grob schneiden.

- Den Bulgur mit dem Olivenöl beträufeln und mit einer Gabel auflockern. Pinienkerne, abgetropfte Rosinen, Tomaten, Lauch, Petersilie und Zitronenabrieb dazugeben. Alles sorgfältig vermischen. Mit Zitronensaft, Chilipulver, Meersalz und Pfeffer abschmecken.

- Für den Gurkenayran die Gurken schälen, klein schneiden und mit der gewaschenen Minze und dem Ayran im Standmixer oder mit dem Stabmixer (siehe Tipp Seite 23) fein pürieren.

- Den Ayran in Gläser füllen und als erfrischenden Drink zum Taboulé reichen.

Zum Pimpen: Um das Taboulé etwas reichhaltiger zu machen, bestreuen Sie es zum Beispiel mit 200 Gramm zerbröseltem Kuhmilchkäse.

FLEISCH *und* GEFLÜGEL

→ *nicht schwer, besonders*

MAISPOULARDE

Buchenpilz-Quinoa
Rote-Bete-Vinaigrette

Für 4 Freunde

Für die Rote-Bete-Vinaigrette:
- 2 kleine Knollen frische Rote Bete
- Meersalz
- 8 EL bestes Olivenöl
- 4 EL weißer Aceto balsamico
- frisch gemahlener schwarzer Pfeffer

Für die Buchenpilz-Quinoa:
- 200 g rote Quinoa
- 200 g weiße Buchenpilze (Shimeji; siehe Variation)
- 2 EL gutes Olivenöl

Für die Maispoularde:
- 4 Maispoulardenbrustfilets (à 180 g)
- 4 Scheiben Parmaschinken
- 2 EL gutes Olivenöl

Zubereitungszeit: 1 Stunde 30 Minuten

- Für die Rote-Bete-Vinaigrette die Blätter von den Knollen abschneiden. Die Roten Beten in kochendem Salzwasser je nach Größe 30–50 Minuten weich garen. Den Backofen auf 160 °C Umluft (180 °C Ober-/Unterhitze, Gas Stufe 2–3) vorheizen.

- In der Zwischenzeit für die Buchenpilz-Quinoa die roten Körner in reichlich Salzwasser 10 Minuten sprudelnd kochen, bis sie leicht zerplatzt und bissfest sind. In ein feines Sieb abgießen und abtropfen lassen.

- Für die Vinaigrette die weichen Rote-Bete-Knollen abgießen und kurz ausdampfen lassen, dann die Schale mit einem kleinen Messer abziehen (siehe Tipp) und das Fleisch in schöne Würfel schneiden. Die Würfel noch heiß mit Olivenöl und Aceto balsamico marinieren, dann mit Meersalz und Pfeffer abschmecken. Beiseitestellen.

- Für die Maispoularde das Fleisch unter fließendem kaltem Wasser gründlich waschen und mit Küchenpapier sorgfältig trocken tupfen. Mit Salz und Pfeffer würzen, dann mit dem Parmaschinken umwickeln. Das Olivenöl in einer Pfanne erhitzen und das Fleisch darin bei mittlerer Hitze auf der Hautseite etwa 3 Minuten langsam knusprig anbraten. Die Brust umdrehen und 1 weitere Minute braten, dann im heißen Ofen 10–15 Minuten nachgaren.

- Für die Quinoa die Buchenpilze putzen. Das Olivenöl in einer Pfanne erhitzen. Quinoa und Buchenpilze darin bei mittlerer Hitze 1 Minute anschwenken. Das Fleisch aus dem Ofen nehmen und kurz ruhen lassen.

- Die Buchenpilz-Quinoa auf Teller verteilen, die knusprige Maispoularde anlegen und mit der Rote-Bete-Vinaigrette beträufelt servieren.

Zum Variieren: Wer keine Shimeji bekommt, kann sie durch frische Shiitake-Pilze – auch Tongu genannt – ersetzen, die es in jedem Supermarkt zu kaufen gibt. Aber Achtung! Bei Shiitake immer die harten Stiele herausdrehen oder abschneiden, denn sie werden auch beim Braten nicht weich.

Nils' Tipp: Rote Bete färbt stark, und die Flecken lassen sich nur schwer wieder entfernen. Darum die Knollen vor dem Garen auf keinen Fall verletzen und beim späteren Schneiden Einweg- oder Küchenhandschuhe tragen.

WACHTELBRUST

Speckvinaigrette
Erbsenpüree

→ *nicht schwer, raffiniert*

Für 4 Freunde

Für die Speckvinaigrette:
- 750 g frische Erbsen in der Schote
- Meersalz
- 250 g Frühstücksspeck (Bacon)
- 100 ml bestes Olivenöl
- Abrieb und Saft von 1 Bio-Zitrone
- frisch gemahlener schwarzer Pfeffer

Für das Erbsenpüree:
- 2 Schalotten
- 1 Knoblauchzehe
- 2 EL Butter
- 250 ml Hühnerbrühe
- 500 g Erbsen (TK-Ware)

Für die Wachtelbrust:
- 12 Wachtelbrüstchen (küchenfertig)
- 2 Zweige Thymian
- 2 EL gutes Olivenöl
- 50 g Butter
- 1 Knoblauchzehe
- Wildkräuter zum Garnieren

Zubereitungszeit: 1 Stunde

- Für die Speckvinaigrette die Erbsen aus den Schoten lösen und in kochendem Salzwasser 4 Minuten blanchieren. Herausnehmen, in Eiswasser abschrecken und abtropfen lassen. Die Erbsen aus den Hülsen drücken und zur Seite stellen.

- Den Frühstücksspeck fein würfeln und in einer Pfanne bei mittlerer Hitze etwa 5 Minuten langsam schön knusprig auslassen. Die frisch gepalten Erbsen mit 1 guten Schuss Olivenöl und dem Zitronenabrieb zum Speck geben. Mit Salz und etwas Pfeffer abschmecken. Beiseitestellen.

- Für das Erbsenpüree Schalotten und Knoblauch abziehen. Die Schalotten in feine Ringe schneiden, den Knoblauch fein würfeln. Die Butter in einem Topf erhitzen. Schalotten und Knoblauch darin bei mittlerer Hitze glasig schwitzen. Die Hühnerbrühe angießen und den Ansatz bei mittlerer Hitze 10 Minuten köcheln lassen. Die TK-Erbsen dazugeben und 5 Minuten mitgaren. Die Erbsen samt Brühe in einen Standmixer füllen und zu feinem Püree mixen. Alternativ das Ganze mit dem Stabmixer fein pürieren. Das Püree durch ein feines Sieb streichen, mit Salz und Pfeffer abschmecken und ebenfalls beiseitestellen.

- Die Wachtelbrüstchen unter fließendem kaltem Wasser gründlich waschen und mit Küchenpapier trocken tupfen. Mit Salz und Pfeffer würzen. Den Thymian waschen und trocken schütteln. Das Olivenöl in einer Pfanne erhitzen und die Wachtelbrüste darin bei mittlerer bis starker Hitze auf der Hautseite etwa 3 Minuten knusprig anbraten. Fleisch wenden, Butter, angedrückten Knoblauch und Thymian dazugeben und bei mittlerer Hitze weitere 4–5 Minuten gar ziehen lassen. In dieser Zeit das Erbsenpüree noch einmal leicht erhitzen. Den Zitronensaft unter die Vinaigrette mischen (siehe Tipp).

- Auf jedem Teller 1 Klecks Erbsenpüree ausstreichen, die Wachtelbrüste anlegen, mit der Erbsen-Speck-Vinaigrette toppen und mit Wildkräutern garniert servieren.

—

Nils' Tipp: Bei der Speckvinaigrette die Säure erst ganz zum Schluss kurz vor dem Servieren unterrühren, da Speckwürfel und Erbsen sonst grau werden und nicht mehr schön aussehen.

→ *etwas aufwendiger, besonders*

ENTENCONFIT

Gewürzlinsen
Orangenjus

Für 4 Freunde

Für die Gewürzlinsen:
- 250 g Berglinsen
- 1 l Gemüsebrühe
- 2 Möhren
- ½ Knolle Sellerie (ca. 400 g)
- 1 Zwiebel
- 1 Knoblauchzehe
- 2 EL gutes Olivenöl
- ½–1 TL Ras el-Hanout
- ½ Bund Koriandergrün
- 100 g kalte Butter

Für das Entenconfit:
- 4 Entenkeulen (à ca. 350 g; küchenfertig)
- Meersalz
- 2 TL Ras el-Hanout (marokkan. Gewürzmischung)
- 2 kg Entenschmalz (siehe Tipp)
- 2 Sternanis
- 1 TL Koriandersamen
- 5 Kardamomkapseln

Zubereitungszeit: ca. 3 Stunden + 8 Stunden Einweichzeit

- Am Vortag für die Gewürzlinsen die Linsen in einer Schüssel mit kaltem Wasser bedecken und über Nacht darin einweichen.

- Für das Entenconfit den Backofen auf 130 °C Ober-/Unterhitze (Umluft nicht empfehlenswert, Gas Stufe 1) vorheizen. Die Entenkeulen unter fließendem kaltem Wasser gründlich waschen und mit Küchenpapier trocken tupfen. Das Fleisch großzügig mit Meersalz und Ras el-Hanout einreiben. Das Entenschmalz mit Sternanis, Koriander und Kardamom in einem Schmortopf erhitzen. Die Entenkeulen hineinlegen, sie müssen mit dem Fett vollständig bedeckt sein. Den Deckel auflegen und das Fleisch im heißen Ofen etwa 2–3 Stunden garen. Die Keulen sind fertig, wenn man den Knochen ganz leicht herausziehen kann.

- In der Zwischenzeit für die Orangenjus den Saft in einem kleinen Topf bei mittlerer Hitze etwa 30–40 Minuten sirupartig einkochen. Für die Gewürzlinsen die Gemüsebrühe in einem kleinen Topf erhitzen. Die eingeweichten Linsen in ein Sieb abgießen. Möhren und Sellerie schälen und in kleine Würfel schneiden. Zwiebel und Knoblauch abziehen und fein würfeln.

- Das Olivenöl in einem zweiten Topf erhitzen und die Zwiebel- und Knoblauchwürfel darin bei mittlerer Hitze glasig schwitzen. Die Gemüsewürfel dazugeben und 3 Minuten mitschwitzen. Die Linsen hinzufügen und mit einigen Kellen Gemüsebrühe ablöschen. Wenn die Flüssigkeit fast vollständig verkocht ist, wie bei einem Risotto wieder einige Kellen Brühe angießen. Das Linsengemüse bei mittlerer Hitze etwa 20–30 Minuten garen, bis die Linsen weich sind.

- Für die Orangenjus die Jus unter den dickflüssigen Saft ziehen. Mit Fünf-Gewürze-Pulver, Salz und Pfeffer abschmecken. Beiseitestellen. Die Orangen

Für die Orangenjus:
- 500 ml Orangensaft
- 5 EL Kalbsjus
- 1 Messerspitze Fünf-Gewürze-Pulver
- frisch gemahlener schwarzer Pfeffer
- 2 Orangen

filetieren (siehe Tipp) und die Filets abgedeckt zur Seite stellen. Die butterweichen Entenkeulen vorsichtig aus dem Fett nehmen und mit Küchenpapier leicht abtupfen. Den Backofengrill einschalten, die Entenkeulen auf einem Backblech verteilen und unter dem heißen Grill etwa 10 Minuten goldbraun und knusprig nachbacken.

- Die weichen Linsen mit Ras el-Hanout, Salz und Pfeffer abschmecken. Das Koriandergrün waschen und trocken schütteln. Einige schöne Stiele für die Garnitur beiseitelegen. Von den restlichen Stielen die Blätter abzupfen, grob schneiden und mit der kalten Butter unter die Linsen heben.

- Die Gewürzlinsen auf Teller verteilen und die Entenkeulen auflegen. Die Orangenfilets daneben anrichten, alles mit Orangenjus beträufeln und mit Koriandergrün garniert servieren.

Nils' Tipp: Zum Filetieren von Zitrusfrüchten die Schale oben und unten abschneiden. Entlang der Rundung mit einem scharfen Messer von oben nach unten die Schale mitsamt dem Weißen wegschneiden. Die Orange in die Hand nehmen und die Filets zwischen den Trennhäutchen herausschneiden.

Zum Abspecken: Das Wort „Abspecken" ist hier nicht wörtlich zu nehmen, weil Fett für das Konfieren unerlässlich ist. Da Entenschmalz allerdings recht teuer und nicht überall erhältlich ist – Sie finden es in sehr gut sortierten Supermärkten, im Feinkosthandel und über das Internet –, kann es in Teilen durch das etwas einfacher zu besorgende und preisgünstigere Gänseschmalz ersetzt werden, also anstelle von 2 Kilogramm Entenschmalz nur 500 Gramm davon nehmen und den Rest durch 1,5 Kilogramm Gänseschmalz austauschen. Immer noch kein Schnäppchen, aber ein Rezept, das sich lohnt!

→ nicht schwer, gut für viele

CHICKEN DRUMSTICKS

Für 4 Freunde

Zubereitungszeit: 45 Minuten + 2 Stunden Marinierzeit

Für die Ingwermarinade:
- 100 g Ingwer
- 2 rote Chilischoten
- 2 Knoblauchzehen
- 250 ml dunkle Sojasauce
- 2 EL Sweet Chili Sauce
- 1 EL Hoisinsauce (asiat. Würzsauce)
- 4 EL helle Sesamsamen
- 5 EL geröstetes Sesamöl
- 3 EL Ketchup

Für die Chicken Drumsticks:
- 20 Hähnchenunterkeulen (küchenfertig)
- Meersalz
- frisch gemahlener schwarzer Pfeffer

Für den Mango-Sesam-Dip:
- 2 mittelreife Mangos
- 1 grüne Chilischote
- 1 haselnussgroßes Stück Ingwer
- 1 Zwiebel
- 1 Knoblauchzehe
- 1 EL Sesamöl
- 1 EL brauner Zucker
- 2 EL Zitronensaft
- 1 EL schwarze Sesamsamen
- 1 Bund Koriandergrün

- Für die Marinade den Ingwer schälen und fein hacken. Die Chilischoten waschen, längs halbieren, entkernen und ohne Stielansatz ebenfalls fein hacken. Den Knoblauch abziehen und in feine Würfel schneiden. Alle Marinadenzutaten gut vermengen.

- Für die Drumsticks die Hähnchenkeulen unter fließendem kaltem Wasser gründlich waschen und mit Küchenpapier trocken tupfen. Mit Salz und Pfeffer würzen, in einer flachen Auflaufform in der Marinade wenden, dabei die Marinade gut in das Fleisch einmassieren. Mit Frischhaltefolie abdecken und das Fleisch im Kühlschrank 2 Stunden marinieren.

- Den Backofen auf 170 °C Umluft (190 °C Ober-/Unterhitze, Gas Stufe 3) vorheizen. Die Hähnchenkeulen auf einem mit Backpapier belegten Backblech verteilen und im heißen Ofen 30 Minuten knusprig garen. Falls die Haut zu dunkel wird, die Keulen nach der Hälfte der Garzeit mit Alufolie abdecken.

- In der Zwischenzeit für den Mango-Sesam-Dip eine Mango schälen, das Fleisch links und rechts vom Stein schneiden und grob zerteilen. Die Chilischote waschen, längs halbieren, entkernen und ohne Stielansatz in Würfel schneiden. Den Ingwer schälen und fein hacken. Zwiebel und Knoblauch abziehen und fein würfeln. Das Sesamöl in einem kleinen Topf erhitzen. Chili, Zwiebel und Knoblauch darin bei mittlerer Hitze glasig schwitzen. Mangofruchtfleisch, Ingwer, braunen Zucker, Zitronensaft und 1 Prise Salz dazugeben. Alles bei niedriger bis mittlerer Hitze 15 Minuten köcheln lassen.

- Den Dip mit dem Stabmixer fein pürieren und den schwarzen Sesam dazugeben. Die andere Mango ebenfalls schälen, das Fruchtfleisch abschneiden und fein würfeln. Die Würfel unter das Mangopüree heben und den Dip noch einmal abschmecken. Das Koriandergrün waschen und trocken schütteln. Die Blätter abzupfen und fein schneiden.

- Die knusprigen Drumsticks auf Teller verteilen, nach Wunsch mit dem geschnittenen Koriander bestreuen und mit dem Mango-Sesam-Dip servieren. Dazu passt ein frischer grüner Salat oder auch zum Beispiel ein Taboulé sehr gut (Rezept siehe Seite 99).

Ingwermarinade
Mango-Sesam-Dip

MEATBALLS

Schmortomatensugo
Basilikum

→ *nicht schwer, gut für viele*

Für 4–6 Freunde

Für die Meatballs:
- 3–4 Zweige Oregano
- ½ Bund glatte Petersilie
- 2 EL Kapern (in Lake)
- 1 kg gemischtes Hackfleisch
- 3 Eier
- 1 EL Dijon-Senf
- 2 EL Semmelbrösel
- 1 TL Paprikapulver edelsüß
- Meersalz
- frisch gemahlener schwarzer Pfeffer
- 3 EL gutes Olivenöl
- 1 Bund Basilikum

Für den Schmortomatensugo:
- 2 rote Paprikaschoten
- 3 Zwiebeln
- 3 Knoblauchzehen
- 1–2 EL gutes Olivenöl nach Bedarf
- 2 EL Tomatenmark
- 1 EL brauner Zucker
- 250 ml Rotwein
- 500 ml Rinderbrühe
- 1 kg Dosentomaten

Zubereitungszeit: 50 Minuten

- Für die Meatballs Oregano und Petersilie waschen und trocken schütteln. Die Blätter jeweils abzupfen und fein hacken. Die Kapern abtropfen lassen und grob hacken. Das Fleisch in einer Schüssel mit Oregano, Petersilie, Kapern, Eiern, Senf, Semmelbröseln, Paprikapulver, Salz und Pfeffer sorgfältig vermengen. Direkt eine Bratprobe machen (siehe Tipp). Falls etwas Würze fehlt, einfach mit etwas mehr Salz und Pfeffer nachwürzen.

- Mit leicht angefeuchteten Händen die Hackmasse zu gleichmäßigen Kugeln in der Größe von Tischtennisbällen formen. Das Olivenöl in einer Schmorpfanne erhitzen und die Fleischbälle darin bei starker Hitze rundherum schön scharf anbraten. Herausnehmen und beiseitestellen.

- Für den Schmortomatensugo die Paprikaschoten waschen, halbieren, entkernen und ohne Stielansatz in kleine Würfel schneiden. Zwiebeln und Knoblauch abziehen und ebenfalls fein würfeln. Die Fleischpfanne wieder erhitzen, bei Bedarf etwas mehr Olivenöl dazugeben. Zwiebeln und Knoblauch darin bei mittlerer Hitze glasig schwitzen. Die Paprikawürfel dazugeben und 2 Minuten mitschwitzen. Das Tomatenmark dazugeben und kurz mitrösten. Den Zucker einstreuen und leicht karamellisieren.

- Mit dem Rotwein ablöschen und die Flüssigkeit vollständig verkochen lassen. Die Rinderbrühe angießen und ebenfalls fast ganz einkochen lassen. Die Dosentomaten dazugeben und alles bei schwacher Hitze etwa 30 Minuten zu einem schönen Sugo einkochen. Mit Salz und Pfeffer abschmecken. Die gebratenen Fleischbälle dazugeben und in der Tomatensauce 15 Minuten bei schwacher Hitze ziehen lassen. In dieser Zeit das Basilikum waschen und trocken schütteln. Die Blätter abzupfen und nach Wunsch fein schneiden.

- Die Meatballs im Schmortomatensud auf tiefe Teller verteilen und mit Basilikum bestreut servieren. Dazu passt super eine Pasta oder eine Scheibe Ciabatta.

Nils' Tipp: Für eine Bratprobe einfach eine ganz kleine Portion der Fleischmasse abnehmen, zu einer Kugel formen und in wenig Öl durchgaren. Leicht abkühlen lassen, probieren, ob's schmeckt, und im Zweifel noch einmal nachwürzen. So kann ich einfach am besten den Geschmack beurteilen und sehen, ob die Konsistenz der Mischung stimmt.

→ *nicht schwer, asiatisch, gut für viele*

SPARERIBS

Hoisinlack
Black Bean

Für 4 Freunde

Zubereitungszeit: 2 Stunden

Für den Hoisinlack:
- 1 rote Chilischote
- 100 g Ingwer
- 1 Knoblauchzehe
- 500 g passierte Tomaten
- 250 g Hoisinsauce (asiat. Würzsauce)
- 250 g dunkle Sojabohnenpaste (aus dem Asiamarkt)
- 200 ml Sweet Chili Sauce (siehe Tipp Seite 78)
- 125 ml Ketchup
- 200 ml Reisessig (aus dem Asiamarkt)

Für die Spareribs:
- 1 Bund Suppengemüse (Möhre, Sellerie, Lauch)
- 2 kg Schälrippchen aus dem Schweinebauch (küchenfertig; siehe Tipp)
- Meersalz
- 4 EL helle Sesamsamen

- Für den Hoisinlack die Chilischote waschen, längs halbieren, entkernen und ohne Stielansatz hacken. Den Ingwer schälen und fein schneiden. Den Knoblauch abziehen und fein würfeln. Passierte Tomaten, Hoisinsauce, Bohnenpaste, Sweet Chili Sauce, Ketchup und Reisessig mit Chili, Ingwer und Knoblauch in einem kleinen Topf aufkochen und bei schwacher Hitze etwa 1 ½ Stunden köcheln, dabei hin und wieder umrühren, damit die Marinade nicht anbrennt.

- In der Zwischenzeit für die Spareribs das Suppengemüse nach Bedarf schälen, waschen, putzen und in kleine Stücke schneiden. Die Schweinerippchen mit dem Gemüse in einem großen Topf mit reichlich kaltem Salzwasser bedecken und aufkochen. Wenn das Wasser kocht, die Temperatur reduzieren und die Rippchen bei schwacher Hitze etwa 1 Stunde weich garen.

- Den Backofen auf 180 °C Umluft (200 °C Ober-/Unterhitze, Gas Stufe 3–4) vorheizen. Die gekochten Schweinerippchen mit Küchenpapier trocken tupfen, auf einem mit Backpapier belegten Backblech verteilen und mit der Marinade großzügig bestreichen. Die Rippchen im heißen Ofen etwa 20 Minuten goldbraun garen, bis die Marinade leicht karamellisiert ist. Währenddessen den Sesam in einer beschichteten Pfanne ohne Fett bei mittlerer Hitze leicht anrösten. In eine Schüssel umfüllen und abkühlen lassen.

- Die goldbraunen Spareribs mit Hoisinlack auf einem großen Teller anrichten und mit geröstetem Sesam bestreut servieren. Dazu passt ein knackiger Salat.

Nils' Tipp: Am besten bitten Sie Ihren Metzger darum, die Haut auf der Rückseite des Rippenstrangs zu entfernen. Falls sie noch nicht entfernt ist, können Sie das ganz einfach selbst machen. Dazu mit einem spitzen, scharfen Messer an einer Ecke die Haut lösen, dann mithilfe von Küchenpapier die Schicht ganz abziehen.

Zum Variieren: Durch das Vorkochen der Schweinerippchen werden die Spareribs später weniger fettig, und das Fleisch wird in jedem Fall ganz großartig zart. Falls Sie sich diesen Schritt sparen möchten, reduzieren Sie ganz einfach die Backofentemperatur auf 160 °C Umluft (180 °C Ober-/Unterhitze, Gas Stufe 2–3) und lassen die Rippchen etwa 1 ½ Stunden im Ofen.

→ *nicht schwer, mediterran*

KALBSKOTELETT

Tomatenkompott
Artischocken

Für 4 Freunde

Zubereitungszeit: 1 Stunde 45 Minuten

Für das Tomatenkompott:
- 1 rote Chilischote
- 5 Schalotten
- 2 Knoblauchzehen
- ½ Bund Thymian
- 2 EL gutes Olivenöl
- 2 EL Tomatenmark
- 3 EL brauner Zucker
- 3 EL Sherryessig
- 1 kg stückige Tomaten (aus der Dose)
- 5 reife Tomaten
- 100 g Kalamata-Oliven (ohne Stein)
- 100 g grüne Oliven (ohne Stein)
- 3 Sardellenfilets (in Öl)
- 1 EL kleine Kapern (in Lake)

Für die Artischocken:
- Saft von 2 Zitronen
- 12 junge Artischocken
- Meersalz

Für das Tomatenkompott die Chilischote waschen, längs halbieren, entkernen und ohne Stielansatz hacken. Schalotten und Knoblauch abziehen und fein würfeln. Den Thymian waschen und trocken schütteln. Das Olivenöl in einem Topf erhitzen. Chili, Schalotten- und Knoblauchwürfel darin bei mittlerer Hitze glasig schwitzen. Das Tomatenmark einrühren und kurz mitschwitzen. Den Zucker einstreuen, 3 Zweige Thymian dazugeben und den Zucker leicht karamellisieren. Mit dem Sherryessig ablöschen, die Dosentomaten hinzufügen und alles bei schwacher Hitze etwa 45 Minuten langsam einkochen. Dabei regelmäßig umrühren, damit nichts anbrennt. Die frischen Tomaten auf der Unterseite kreuzförmig einritzen, mit kochend heißem Wasser überbrühen und 1 Minute ziehen lassen. Die Haut der Tomaten abziehen, die Tomaten halbieren, entkernen und ohne Stielansatz in Würfel schneiden. Beiseitestellen.

Für die Artischocken in einer Schüssel die Hälfte des Zitronensafts und Wasser mischen. Die Artischocken vorbereiten (siehe Seite 24). In einem Topf reichlich Salzwasser mit dem restlichen Zitronensaft aufkochen und die Artischocken darin 6 Minuten blanchieren, sie sollten noch leicht bissfest sein. Wenn sie sich mit einem kleinen Messer leicht einstechen lassen, herausheben, sofort in Eiswasser abschrecken und abtropfen lassen.

Für die Kalbskoteletts den Backofen auf 160 °C Umluft (180 °C Ober-/Unterhitze, Gas Stufe 2–3) vorheizen. Das Fleisch mit Salz und Pfeffer würzen. Die Knoblauchknolle halbieren. Die Chilischote waschen, längs halbieren, entkernen und ohne Stielansatz in grobe Stücke schneiden. Das Olivenöl in

Für das Kalbskotelett:
- 4 Kalbskoteletts
  (à 300 g; mit Knochen)
- frisch gemahlener
  schwarzer Pfeffer
- 1 Knoblauchknolle
- 1 rote Chilischote
- 2 EL gutes Olivenöl
- 200 g Butter
- 4 Stiele Basilikum

einer ofenfesten Pfanne erhitzen und die Koteletts darin bei starker Hitze von jeder Seite etwa 2 1/2 Minuten scharf anbraten. Chili, restlichen Thymian, Knoblauchhälften und Butter dazugeben. Die Koteletts mit der Pfanne in den heißen Ofen schieben und 10–12 Minuten nachgaren, dabei regelmäßig mit der aromatisierten Butter übergießen.

- In dieser Zeit für das Tomatenkompott die Oliven hacken. Die Sardellenfilets auf Küchenpapier abtropfen lassen und ebenfalls hacken. Wenn die Flüssigkeit des Kompotts fast vollständig verkocht ist, die Temperatur erhöhen. Gehackte Oliven, Sardellenfilets, Kapern und Tomatenwürfel dazugeben. Weiter garen, bis die Konsistenz an ein Kompott erinnert. Mit Salz und Pfeffer abschmecken.

- Die Kalbskoteletts aus dem Ofen nehmen und mit Alufolie abgedeckt etwas ruhen lassen. Die Fleischpfanne wieder erhitzen und die Artischocken in der aromatisierten Butter kurz durchschwenken. Das Basilikum waschen und trocken schütteln. Die Blätter abzupfen und fein schneiden.

- Die Koteletts mit dem Tomatenkompott auf Teller verteilen, mit der aromatisierten Butter beträufeln und mit Basilikum bestreut servieren.

Nils' Tipp: Zum Kochen von Artischocken übrigens nie einen Aluminiumtopf benutzen, denn dann verfärben sich die Artischocken und nehmen zudem einen metallischen Geschmack an.

RINDERFILET

Steinpilze
Frühlingszwiebeln
Süßkartoffeln

→ *nicht schwer, edel*

Für 4 Freunde

Für die Süßkartoffeln:
- 1,2 kg Süßkartoffeln
- 3 Schalotten
- 150 g Butter
- 1 Prise Zucker
- 150 ml Weißwein
- 1,5 l Gemüsebrühe
- 500 ml neutrales Pflanzenöl
- Meersalz
- frisch geriebene Muskatnuss

Für die Steinpilze:
- 600 g frische Steinpilze
- ¼ Bund glatte Petersilie
- 2 EL gutes Olivenöl

Zubereitungszeit: 1 Stunde 30 Minuten

- Die Süßkartoffeln schälen. Eine große Knolle beiseitelegen, die restlichen Süßkartoffeln in mittelgroße Stücke schneiden. Die Schalotten abziehen und in feine Streifen schneiden. 50 Gramm Butter in einem Topf erhitzen und die Schalottenstreifen darin bei mittlerer Hitze glasig schwitzen. Den Zucker einstreuen und leicht karamellisieren. Mit dem Weißwein ablöschen, die Süßkartoffelstücke dazugeben und kurz im Wein schwenken. Die Gemüsebrühe angießen und die Süßkartoffeln bei mittlerer Hitze etwa 30 Minuten weich garen.

- In der Zwischenzeit den Backofen auf 160 °C Umluft (180 °C Ober-/Unterhitze, Gas Stufe 2–3) vorheizen. Für die Steinpilze die Pilze putzen, bei Bedarf mit Küchenpapier trocken abreiben und in kleine Stücke schneiden. Die Petersilie waschen und trocken schütteln. Die Blätter abzupfen und fein hacken.

- Die restliche Süßkartoffel mit einem Sparschäler in feine Scheiben oder Streifen schälen. Das Pflanzenöl in einem Topf erhitzen und die Süßkartoffelscheiben oder -streifen darin unter ständigem Rühren mit einem Holzlöffel 4–5 Minuten goldgelb ausbacken. Herausnehmen, auf Küchenpapier abtropfen lassen, mit etwas Meersalz würzen und warmhalten.

- Für das Rinderfilet das Fleisch von Fett und Sehnen befreien. Mit Salz und Pfeffer würzen. Den Thymian waschen und trocken schütteln. Das Olivenöl

Für das Rinderfilet:
- 4 Rinderfilets (à 250 g)
- frisch gemahlener schwarzer Pfeffer
- 3 Zweige Thymian
- 2 EL gutes Olivenöl
- 100 g Butter
- 1 Knoblauchzehe
- 100 ml heiße Kalbsjus

in einer ofenfesten Pfanne erhitzen und das Fleisch darin bei starker Hitze von beiden Seiten jeweils 2 ½ Minuten scharf anbraten. Die Temperatur reduzieren, die Butter, den angedrückten Knoblauch und den Thymian dazugeben. Das Fleisch mit der aromatisierten Butter noch einmal übergießen und im heißen Ofen 8 Minuten medium rare nachgaren. Wenn das Fleisch stärker durchgebraten sein soll, die Garzeit entsprechend verlängern. Auch während der Zeit im Ofen das Fleisch mehrmals mit der aromatisierten Butter übergießen.

- Währenddessen die weichen Süßkartoffeln aus der Brühe – die Brühe nicht weggießen – nehmen und im Standmixer oder mit dem Stabmixer fein pürieren. Nach und nach etwas Brühe und die restliche Butter dazugeben. Mit Muskatnuss, Salz und Pfeffer abschmecken. Die Süßkartoffeln sollten eine leichte Konsistenz haben. Warmhalten.

- Die Ofentür öffnen und das Filet im ausgeschalteten Ofen einige Minuten ruhen lassen. Für die Pilze etwas Olivenöl in einer Pfanne erhitzen und die Steinpilze darin bei starker Hitze 2–3 Minuten goldgelb braten. Die gehackte Petersilie dazugeben. Mit etwas Meersalz und Pfeffer abschmecken.

- Das Rinderfilet und die Steinpilze mit der Süßkartoffelcreme auf Tellern anrichten, mit der Kalbsjus beträufeln und mit knusprigen Süßkartoffelchips garniert servieren.

→ *etwas aufwendiger, klassisch*

RINDERBACKE

Quitte
Selleriezweierlei

Für 4 Freunde

Zubereitungszeit: 3 Stunden 20 Minuten

Für die Rinderbacke:
- 1 kg Rinderbacken (küchenfertig)
- Meersalz
- frisch gemahlener schwarzer Pfeffer
- 1 Bund Suppengemüse (Möhre, Sellerie, Lauch)
- 1 Zwiebel
- 1 Knoblauchknolle
- 3 EL gutes Olivenöl
- 30 g Tomatenmark
- 1 l Rotwein
- 2 Lorbeerblätter
- 2 l Rinder- oder Hühnerbrühe

Für die Quitte:
- 2 Quitten
- 1 Prise Zucker
- 1 l Orangensaft

Für das Selleriezweierlei:
- 1 Knolle Sellerie (ca. 800 g)
- 500 g Sahne
- 500 ml Milch
- 150 g kalte Butter
- 1 l neutrales Pflanzenöl zum Ausbacken

- Für die Rinderbacke den Backofen auf 160 °C Umluft (180 °C Ober-/Unterhitze, Gas Stufe 2–3) vorheizen. Das Fleisch mit Salz und Pfeffer würzen. Das Suppengemüse nach Bedarf schälen, waschen, putzen und in kleine Stücke schneiden. Zwiebel und Knoblauch abziehen. Die Zwiebel fein würfeln, den Knoblauch quer halbieren.

- Das Olivenöl in einem Schmortopf erhitzen und das Fleisch darin bei starker Hitze rundherum anbraten. Herausnehmen und das Gemüse im Topf anrösten. Das Tomatenmark kurz mitrösten. Mit dem Rotwein ablöschen und die Flüssigkeit auf die Hälfte der Menge einkochen. Die Rinderbacken mit den Lorbeerblättern dazugeben und mit Rinderbrühe vollständig bedecken. Den Deckel auflegen und das Fleisch im heißen Ofen etwa 3 Stunden garen.

- Etwa 1 Stunde vor dem Servieren für die Quitte die Früchte schälen, vierteln und ohne Kerngehäuse in grobe Würfel schneiden. Die Würfel leicht zuckern und im Orangensaft bei mittlerer Hitze 30–40 Minuten sehr weich garen.

- In dieser Zeit für das Zweierlei den Sellerie schälen und vierteln. Von einem Viertel mit dem Sparschäler dünne Scheibchen abschneiden. Den Rest der Knolle würfeln und in kochendem Salzwasser 10–15 Minuten weich garen. Sahne und Milch in einem kleinen Topf mit Salz und Pfeffer würzen und bei mittlerer Hitze auf die Hälfte der Menge einkochen. Die Sahne-Milch-Reduktion mit dem weichen Sellerie und der Butter im Standmixer oder mit dem Stabmixer zu einer feinen Creme mixen. Warmhalten.

- Das Pflanzenöl in einem Topf erhitzen (siehe Seite 13/14) und die Selleriescheibchen darin 2–3 Minuten goldbraun ausbacken. Herausnehmen und auf Küchenpapier abtropfen lassen.

- Die Quitten abgießen und fein pürieren. Das Fleisch aus dem Fond nehmen und warmhalten. Den Fond durch ein feines Sieb streichen und zu einer sämigen Sauce einkochen. Mit Salz und Pfeffer abschmecken.

- Das Selleriepüree auf Tellern anrichten, die aufgeschnittenen Rinderbacken danebensetzen und mit Schmorsauce beträufeln. Etwas Quittenmus dazugeben und das Ganze mit den Selleriechips garniert servieren.

→ *etwas aufwendiger, orientalisch*

LAMMKEBAB

Baba Ganoush
Räucherpaprika
Kichererbsen

Für 4 Freunde

Für die Kichererbsen:
- 150 g Kichererbsen
- Meersalz
- 2 EL Sesamöl
- Saft von 1 Zitrone

Für das Baba Ganoush:
- 3 Auberginen
- 1 Knoblauchzehe
- frisch gemahlener schwarzer Pfeffer
- ½ Bund Koriandergrün
- 200 g türkischer Joghurt (10 % Fett)
- Saft von 1 Zitrone

Für die Räucherpaprika:
- 2 rote Paprikaschoten
- 2 gelbe Paprikaschoten
- 4 EL gutes Olivenöl
- 2 EL Räucheröl (aus dem Feinkosthandel)

Zubereitungszeit: 2 Stunden + 12 Stunden Einweichzeit

- Am Vortag die Kichererbsen in einer Schüssel mit Wasser bedecken und über Nacht einweichen. Am Folgetag die eingeweichten Kichererbsen abgießen, gründlich abspülen, in frischem Salzwasser aufkochen und bei mittlerer Hitze etwa 1 ½–2 Stunden weich garen.

- In der Zwischenzeit den Backofen auf 170 °C Umluft (190 °C Ober-/Unterhitze, Gas Stufe 3) vorheizen. Für das Baba Ganoush die Auberginen der Länge nach halbieren und das Fruchtfleisch kreuzförmig einritzen. Die Schnittstellen mit dem halbierten Knoblauch, Meersalz und Pfeffer einreiben. Die Auberginenhälften wieder zusammenlegen und in Alufolie stramm einwickeln.

- Für die Räucherpaprika die Schoten halbieren, entkernen, in einer Backform mit Olivenöl beträufeln, mit Meersalz und Pfeffer würzen. Mit Alufolie abdecken. Paprika und Auberginen im heißen Ofen etwa 45 Minuten garen.

- In der Zwischenzeit für das Lammkebab das Weißbrot in der Milch einweichen. Koriandergrün und Minze waschen und trocken schütteln. Die Blätter abzupfen und fein schneiden. Etwas Minze für die Kichererbsen beiseitelegen. Zwiebeln und Knoblauch abziehen und fein würfeln. 2 Esslöffel Olivenöl in einer kleinen Pfanne erhitzen. Zwiebel- und Knoblauchwürfel darin bei mittlerer Hitze glasig schwitzen. Abkühlen lassen, dann mit dem Lammhackfleisch, dem gut ausgedrückten Weißbrot, geschnittenem Koriander, Minze, Eigelb, Harissa, Ras el-Hanout, Kreuzkümmel und Pimentón de la

Für das Lammkebab:
- 150 g Weißbrot
- 200 ml Milch
- ½ Bund Koriandergrün plus etwas mehr zum Garnieren
- 1 Bund Minze plus etwas mehr zum Garnieren
- 2 Zwiebeln
- 2 Knoblauchzehen
- 3 EL gutes Olivenöl
- 800 g Lammhackfleisch
- 2 Eigelb
- 1 EL Harissa (arab. Gewürzpaste)
- 1 TL Ras el-Hanout (marokkan. Gewürzmischung)
- ½ TL gemahlener Kreuzkümmel
- ½ TL Pimentón de la Vera (geräuchertes Paprikapulver)
- 300 g türkischer Joghurt (10 % Fett)

Vera vermengen. Mit Salz und Pfeffer abschmecken. Die Masse mit leicht angefeuchteten Händen zu kleinen Kebabbällchen von je etwa 70 Gramm formen und abgedeckt in den Kühlschrank stellen.

- Auberginen und Paprika aus dem Ofen nehmen und etwas abkühlen lassen. Die Auberginen aus der Folie wickeln und das Fruchtfleisch mit einem Löffel herauskratzen. Das Auberginenfleisch in ein feines Sieb legen, mit der Gabel zerdrücken und 30 Minuten ruhen lassen. In der Zwischenzeit das Koriandergrün waschen und trocken schütteln. Die Blätter abzupfen und fein schneiden.

- Die Haut der Paprikaschoten abziehen und das Fruchtfleisch klein schneiden. Mit Salz und Pfeffer würzen und mit dem Räucheröl leicht marinieren. Die Kichererbsen abgießen, abtropfen lassen und in einer Schüssel mit Sesamöl, Zitronensaft, Minze, Salz und Pfeffer abschmecken. Die Lammkebabs auf dem Grill oder in der heißen Grillpfanne im restlichen Olivenöl bei mittlerer Hitze rundherum 12–15 Minuten schön knusprig braten.

- Für das Baba Ganoush das abgetropfte Auberginenfleisch in einer Schüssel mit Joghurt, Zitronensaft und Koriandergrün mischen, mit Salz und Pfeffer abschmecken und gut zerdrücken.

- Auf einer Platte das Baba Ganoush und die Räucherpaprika anrichten. Die Lammkebabs anlegen und die Kichererbsen darauf verteilen. Das Gericht mit frischem Joghurt, gezupfter Minze und Koriandergrün garniert servieren.

FISCH *und* MEERESFRÜCHTE

→ nicht schwer, raffiniert

STEINBUTT

Pulpo
Zucchiniperlen

Für 4 Freunde

Für den Pulpo:
- 1 Pulpo (ca. 600 g)
- 1 Bund Suppengemüse (Möhre, Sellerie, Lauch)
- 1 Zwiebel
- 1 Knoblauchknolle
- 2 l Rotwein
- Meersalz
- 2 EL gutes Olivenöl

Für die Zucchiniperlen:
- 2 gelbe Zucchini
- 2 grüne Zucchini
- 500 ml Paellasud (siehe Rezept Seite 136)
- gutes Olivenöl
- frisch gemahlener schwarzer Pfeffer

Für den Steinbutt:
- 4 Steinbuttfilets (à 170 g)
- 2 Zweige Thymian
- 100 g Queller
- 2 EL gutes Olivenöl
- 50 g Butter

Außerdem:
- kleiner Kugelausstecher

Zubereitungszeit: 2 Stunden

- Den Pulpo vorbereiten. Dazu die Fangarme vom Körper abtrennen. Die harten Kauwerkzeuge zwischen den Armen herausdrücken. Das Suppengemüse nach Bedarf schälen, waschen, putzen und in kleine Stücke schneiden. Zwiebel und Knoblauch abziehen und grob zerteilen. Mit dem vorbereiteten Gemüse und dem Pulpo in einen großen Topf geben, den Rotwein angießen und mit so viel Wasser auffüllen, dass der Pulpo gut bedeckt ist. 2 Esslöffel Meersalz dazugeben, das Ganze aufkochen, die Temperatur reduzieren, den Deckel auflegen und den Pulpo bei niedriger Hitze etwa 1 1/2 Stunden weich köcheln.

- In der Zwischenzeit für die Zucchiniperlen die Zucchini waschen, trocknen und mit einem kleinen Kugelausstecher Perlen aus dem Fruchtfleisch ausstechen. Abgedeckt zur Seite stellen. Für den Steinbutt die Fischfilets auf Gräten prüfen und vorhandene ziehen. Den Fisch mit Meersalz und Pfeffer würzen. Den Thymian waschen und trocken schütteln. Die Quellersprossen unter fließendem kaltem Wasser abspülen, putzen und in kochendem Wasser 1 Minute blanchieren. Herausnehmen, in Eiswasser abschrecken und abtropfen lassen.

- Den weichen Pulpo aus dem Sud nehmen und abkühlen lassen. Das Olivenöl in einer beschichteten Pfanne erhitzen und den Steinbutt darin von beiden Seiten je nach Dicke der Filets jeweils 1–2 Minuten bei mittlerer Hitze anbraten. Die Temperatur reduzieren, 1 Zweig Thymian sowie die Butter dazugeben und den Fisch bei schwacher Hitze 3–4 Minuten gar ziehen lassen.

- In der Zwischenzeit für den Pulpo in einer zweiten Pfanne das Olivenöl erhitzen und die gedrittelten Pulpoarme darin bei mittlerer Hitze schön kross anbraten. Für die Zucchiniperlen den Paellasud aufkochen und die Perlen darin 1 Minute garen.

- Den Sud mit den Zucchiniperlen in tiefe Teller füllen und die Steinbuttfilets auflegen. Darauf jeweils 1 oder 2 schöne goldbraune Pulpostücke verteilen und das Ganze mit Queller garniert servieren.

DORADE

im Pergament
Schmorgemüse
Basilikum

→ *nicht schwer, aromatisch*

Für 4 Freunde

Für die Doraden:
- 4 Doraden (à 350 g; küchenfertig)
- Meersalz
- frisch gemahlener schwarzer Pfeffer
- 1 Knoblauchknolle
- 1 Bund Zitronenthymian
- Abrieb von 2 Bio-Zitronen
- 1 Bund Basilikum

Für das Schmorgemüse:
- 1 Fenchelknolle
- 1 rote Paprikaschote
- 1 gelbe Paprikaschote
- 1 Chilischote
- 12 Frühlingszwiebeln
- 2 Schalotten
- 100 ml gutes Olivenöl
- 1 Prise Zucker
- 250 ml Weißwein

Außerdem:
- 6 große Bögen Pergamentpapier
- Bürotacker oder Küchengarn

Zubereitungszeit: 1 Stunde

- Den Backofen auf 180 °C Umluft (200 °C Ober-/Unterhitze, Gas Stufe 3–4) vorheizen. Die Doraden unter fließendem kaltem Wasser waschen und mit Küchenpapier trocken tupfen. Innen und außen mit Salz und Pfeffer würzen. Den Knoblauch abziehen und zerdrücken. Den Zitronenthymian waschen und trocken schütteln. Die Blätter abzupfen. Knoblauch, Zitronenthymian und Zitronenabrieb mischen und den Bauchraum der Doraden damit füllen. Den Rest der Füllung für das Gemüse aufbewahren.

- Für das Schmorgemüse Fenchel, Paprika, Chili und Frühlingszwiebeln waschen. Den Fenchel in feine Streifen schneiden. Paprika und Chili der Länge nach halbieren, entkernen und ohne Stielansatz in feine Streifen schneiden. Die Frühlingszwiebeln ohne Wurzelansatz in feine Ringe schneiden. Die Schalotten abziehen und ebenfalls in feine Streifen schneiden.

- In einer Pfanne 2 Esslöffel Olivenöl erhitzen und das vorbereitete Gemüse darin bei mittlerer Hitze 2–3 Minuten langsam anschwitzen. Mit Zucker, Salz und Pfeffer abschmecken. Mit dem Weißwein ablöschen und die Flüssigkeit leicht einkochen.

- Die Pergamentbögen auf der Arbeitsfläche nebeneinander ausbreiten und das Gemüse gleichmäßig in deren Mitte verteilen. Die Doraden auflegen und mit dem Rest der Füllung bedecken sowie mit gutem Olivenöl beträufeln. Die Pergamentbögen zu kleinen Päckchen zusammenfalten und die Seiten mit einem Tacker fixieren, damit weder Aroma noch Flüssigkeit entweichen können. Alternativ die Enden mit Küchengarn zubinden. Die Fischpäckchen im heißen Ofen 25–30 Minuten garen. In der Zwischenzeit das Basilikum waschen und trocken schütteln. Die Blätter abzupfen und grob in Stücke reißen.

- Die Päckchen auf großen Tellern anrichten, erst am Tisch vorsichtig öffnen und mit dem Basilikum bestreuen. Dazu passen geröstetes Baguette, junge Kartoffeln und eine Aioli.

Nils' Tipp: In Pergament gegarter Fisch entfaltet ein unglaublich intensives Aroma! Und diese Form der Zubereitung hat noch einen weiteren Vorteil: Die Küche bleibt halbwegs sauber.

LOUP DE MER

Caponata Style Salad
Ciabattachips

→ *nicht schwer, mediterran*

Für 4 Freunde
Zubereitungszeit: 1 Stunde

Für den Caponata Style Salad:
- 50 g Rosinen
- 100 ml Sherryessig
- 2 Stangen Staudensellerie
- 1 Zucchini
- Meersalz
- 1 Aubergine
- 2 Schalotten
- 1 Knoblauchzehe
- 4 EL gutes Olivenöl
- 50 g Pinienkerne
- 100 g getrocknete Tomaten (in Öl)
- 8 Sardellenfilets (in Öl)
- 100 g Kapern (in Lake)
- 100 g grüne Oliven (ohne Stein)
- 10 Kirschtomaten
- 1 Bund glatte Petersilie
- Abrieb von 1 Bio-Zitrone
- frisch gemahlener schwarzer Pfeffer
- Basilikum- oder Rucolablätter zum Garnieren

- Für den Caponata Style Salad die Rosinen in einem kleinen Topf mit dem Sherryessig bedecken und bei mittlerer Hitze 2 Minuten köcheln. Den Topf vom Herd nehmen und die Rosinen im Essig kalt werden lassen. Staudensellerie und Zucchini waschen und in feine Würfel schneiden. In einem Topf reichlich Salzwasser aufkochen. Sellerie- und Zucchiniwürfel darin 3 Minuten blanchieren. Herausnehmen oder abgießen, sofort in Eiswasser abschrecken und abtropfen lassen.

- Die Aubergine waschen, trocknen und in kleine Würfel schneiden. Schalotten und Knoblauch abziehen und fein würfeln. 2 Esslöffel Olivenöl in einer Pfanne erhitzen. Auberginenwürfel, Schalotten und Knoblauch darin bei starker Hitze 2 Minuten anbraten. Auf einen Teller umfüllen. Dieselbe Pfanne wieder erhitzen und die Pinienkerne darin bei mittlerer Hitze goldbraun rösten. Ebenfalls umfüllen und abkühlen lassen.

- Getrocknete Tomaten und Sardellenfilets auf Küchenpapier abtropfen lassen. Die Kapern ebenfalls abtropfen lassen. Getrocknete Tomaten und Oliven fein würfeln. Die Kirschtomaten waschen und vierteln. Die Petersilie waschen und trocken schütteln. Die Blätter abzupfen und fein hacken.

- In einer Pfanne das restliche Olivenöl erhitzen. Staudensellerie, Zucchini, getrocknete Tomaten, grüne Oliven, Aubergine, Pinienkerne, abgetropfte Rosinen und Petersilie darin bei mittlerer Hitze 1–2 Minuten anbraten. Mit Zitronenabrieb, Salz und Pfeffer abschmecken.

Für die Ciabattachips:
- ¼ Ciabatta
- 2 EL Olivenöl

Für den Loup de Mer:
- 14 Wolfsbarschfilets (à 160 g; mit Haut; siehe Tipp)
- 2 EL gutes Olivenöl

- Für die Chips das Ciabatta – am besten mit der Brotschneidemaschine – in möglichst dünne Scheiben schneiden. Das Öl in einer Pfanne erhitzen und die Brotscheiben darin von beiden Seiten jeweils 1–2 Minuten knusprig rösten. Herausnehmen und auf Küchenpapier abtropfen lassen.

- Den Loup de Mer unter fließendem kaltem Wasser gründlich waschen und mit Küchenpapier trocken tupfen. Mit etwas Meersalz würzen. 2 Esslöffel Olivenöl in einer zweiten Pfanne erhitzen und den Fisch darin bei mittlerer Hitze langsam auf der Hautseite 4–5 Minuten knusprig braten. Die Filets wenden und bei schwacher Hitze weitere 4 Minuten ziehen lassen. Mit etwas Pfeffer würzen.

- Den Caponata Style Salad auf Tellern anrichten, den gebratenen Loup de Mer auflegen und mit Kirschtomaten, Sardellenfilets, Ciabattachips und frischem Basilikum garniert servieren.

Nils' Tipp: Falls Sie in der Zutatenliste beim Fischnamen einen Fehler vermuten, muss ich Sie an dieser Stelle leider enttäuschen. Denn der Loup de Mer, der mit der Dorade zu den beliebtesten Edelfischen im Mittelmeerraum zählt und den Sie auch bei uns auf so vielen Speisekarten finden, ist nichts anderes als ein Wolfsbarsch. Achten Sie beim Kauf auf den Zusatz „aus Wildfang".

→ nicht schwer, raffiniert

KABELJAU

Boudin noir
Champagnerkraut
Petersiliencreme

Für 4 Freunde

Für das Champagnerkraut:
- 3 Schalotten
- 100 g Butter
- 500 g rohes Sauerkraut
  (z.B. vom Metzger)
- 300 ml Champagner oder
  trockener Sekt

Für Kabeljau & Boudin noir:
- 4 Kabeljaufilets
  (à ca. 180 g)
- 100 g Perlzwiebeln
- 150 ml Rotwein
- 2 reife Birnen
- 3 EL Butter
- 2 EL Olivenöl
- 8 Scheiben Boudin noir
  (franz. Blutwurst)

Für die Petersiliencreme:
- 200 g Kartoffeln
- 300 ml Gemüsebrühe
- 100 g Sahne
- 1 Bund glatte Petersilie
- Meersalz
- 2 EL Butter
- frisch geriebene Muskatnuss
- frisch gemahlener
  schwarzer Pfeffer

Außerdem:
- Flambierbrenner

Zubereitungszeit: 45 Minuten

- Den Backofen auf 80 °C Umluft (100 °C Ober-/Unterhitze, Gas Stufe 1/2) vorheizen. Für das Champagnerkraut die Schalotten abziehen und fein würfeln. Die Butter in einem Topf erhitzen und die Schalotten darin bei mittlerer Hitze glasig schwitzen. Sauerkraut dazugeben und mit Champagner ablöschen. Den Deckel auflegen und das Kraut bei schwacher Hitze etwa 40 Minuten garen.

- Währenddessen den Kabeljau unter fließendem kaltem Wasser waschen, mit Küchenpapier trocken tupfen, auf Gräten prüfen und vorhandene ziehen. Den Fisch in einer Auflaufform im heißen Ofen 20–30 Minuten garen. In dieser Zeit die Perlzwiebeln abziehen, mit dem Rotwein in einem kleinen Topf aufkochen und bei mittlerer Hitze etwa 20 Minuten einkochen.

- In dieser Zeit für die Petersiliencreme die Kartoffeln schälen, klein schneiden, mit Brühe und Sahne aufkochen und bei mittlerer Hitze 20–25 Minuten sehr weich garen. Die Petersilie waschen, die Blätter abzupfen und in kochendem Salzwasser 3 Minuten blanchieren, mit 5 Esslöffeln Kochwasser mit dem Stabmixer pürieren und durch ein feines Sieb streichen. Für den Kabeljau die Birnen schälen, halbieren, entkernen, in schöne Würfel schneiden und in einer Pfanne mit 1 Esslöffel Butter anbraten. In einer zweiten Pfanne das Olivenöl erhitzen und die Boudin-noir-Scheiben darin bei starker Hitze kurz und scharf anbraten.

- Die Kartoffeln samt Kochflüssigkeit, Petersiliencreme und Butter in einem hohen Rührgefäß mit dem Stabmixer oder im Standmixer (siehe Tipp Seite 23) fein pürieren. Mit Muskatnuss, Salz und Pfeffer abschmecken. Warmhalten.

- Für den Kabeljau die restliche Butter zerlassen, den Fisch damit bepinseln und für ein paar Röstaromen mit dem Flambierbrenner kurz abflämmen.

- Auf jedem Teller einen Klecks Petersiliencreme ausstreichen, etwas Sauerkraut daneben aufsetzen, Kabeljau und Boudin noir anlegen und mit der gebratenen Birne garniert servieren.

→ *nicht schwer, klassisch*

BOUILLABAISSE

Heilbutt
Muscheln

Für 4–6 Freunde

Für die Bouillabaisse:
- 1 Dorade (ca. 400 g; küchenfertig, geschuppt)
- 8 Riesengarnelen (mit Schale)
- 1 Möhre
- 1/8 Knolle Sellerie (ca. 100 g)
- 2 mittelgroße Zwiebeln
- 3 Knoblauchzehen
- 3 EL gutes Olivenöl
- 2 EL Tomatenmark
- 1 Messerspitze Safranpulver oder -fäden
- 1 Prise Paprikapulver edelsüß
- Meersalz
- frisch gemahlener schwarzer Pfeffer
- 3 EL Wermut
- 100 ml Weißwein
- 500 g Dosentomaten
- 500 ml Fischfond
- 2 EL Nam Pla (thailänd. Fischsauce; siehe Tipp Seite 78)
- 200 g Butter

Für Heilbutt & Muscheln:
- 400 g Heilbutt- oder Kabeljaufilet
- 500 g Bouchot-Muscheln (siehe Seite 141)
- 4–6 Jakobsmuscheln (ohne Corail)
- 1 große rote Paprikaschote
- 1 mittelgroße Fenchelknolle mit Grün
- 2 EL gutes Olivenöl
- 150 g Nordseekrabben (ohne Schale)
- Saft von 1 Zitrone

Zubereitungszeit: 2 Stunden 15 Minuten

- Dorade und Garnelen waschen und mit Küchenpapier trocken tupfen. Die Dorade quer in 6 Stücke schneiden. Die Köpfe der Garnelen abdrehen und das Fleisch aus den Schalen lösen. Die Garnelen abgedeckt kalt stellen, Köpfe und Schalen nicht wegwerfen! Möhre und Sellerie schälen. Das gesamte Gemüse in feine Würfel schneiden. Zwiebeln und Knoblauch abziehen und ebenfalls fein würfeln.

- Das Olivenöl in einem großen Topf erhitzen und die Hälfte von Möhre und Sellerie mit Zwiebel und Knoblauch darin leicht anrösten. Doradenstücke, Garnelenköpfe und -schalen kurz mitrösten. Wenn die Dorade leicht zerfällt, das Tomatenmark dazugeben und unter Rühren 2–3 Minuten mitrösten. Mit Safran, Paprikapulver, Salz und Pfeffer würzen. Mit Wermut und Weißwein ablöschen, die Flüssigkeit auf die Hälfte einkochen. Tomaten, Fischfond und Nam Pla dazugeben. Die Brühe bei schwacher Hitze etwa 30 Minuten ganz leicht köcheln.

- In dieser Zeit den Heilbutt auf Gräten prüfen und in mundgerechte Würfel schneiden. Die Muscheln waschen und die „Bärte" entfernen. Geöffnete oder beschädigte Exemplare aussortieren. Die Jakobsmuscheln mit Küchenpapier abtupfen. Paprika und Fenchel waschen, putzen und fein würfeln. Das Fenchelgrün beiseitelegen. Die Paprika in kochendem Salzwasser 1–2 Minuten blanchieren. In Eiswasser abschrecken und abtropfen lassen. Den Fenchel ebenso 2–3 Minuten garen.

- Den Sud durch ein feines Sieb gießen, dabei die Stücke gut ausdrücken – bei Bedarf wiederholen, und den Sud weiter einkochen, bis der Geschmack schön intensiv ist. 200 Gramm kalte Butterwürfel mit dem Stabmixer untermixen.

- Heilbuttwürfel und Bouchot-Muscheln im Sud bei schwacher Hitze 5–6 Minuten ziehen lassen. Jakobsmuscheln und Garnelen in Olivenöl kurz anbraten.

- Den Sud mit Gemüsewürfeln und Krabben in tiefe Teller füllen, Jakobsmuscheln und Garnelen darauf verteilen, mit Zitronensaft beträufeln und mit Fenchelgrün garniert servieren. Dazu passen Sauce Rouille, Aioli und Croûtons.

→ *nicht schwer, edel*

SEETEUFEL

Mar y Montana
Chorizo
Vongole

Für 4–6 Freunde

- 250 g kleine weiße Bohnen
- 2 Zwiebeln
- 2 Knoblauchzehen
- 4 EL gutes Olivenöl plus mehr zum Abschmecken
- 500 ml Weißwein
- 2 l Fischfond
- 500 g Vongole (Venusmuscheln)
- 500 g Tomaten
- ½ Bund glatte Petersilie
- ½ Bund Schnittlauch
- 4 Seeteufelmedaillons (à ca. 120 g)
- Meersalz
- frisch gemahlener schwarzer Pfeffer
- 50 g Butter
- Saft von 1 Bio-Zitrone
- ½ g Safranfäden
- 1 Messerspitze Paprikapulver edelsüß
- 1 Portion Chorizocrumble (siehe Tipp)

Außerdem:
- Bratenthermometer

Zubereitungszeit: 1 Stunde plus 8 Stunden Einweichzeit

- Die weißen Bohnen in einer Schüssel mit ausreichend Wasser bedecken und mindestens 8 Stunden, am besten über Nacht, einweichen.

- Am nächsten Tag Zwiebeln und Knoblauch abziehen und in feine Würfel schneiden. 2 Esslöffel Olivenöl in einem großen Topf erhitzen. Die Zwiebel- und Knoblauchwürfel darin bei mittlerer Hitze glasig anschwitzen. Die eingeweichten Bohnen abgießen und dazugeben. Mit dem Weißwein ablöschen und die Flüssigkeit vollständig verkochen lassen. Den Fischfond angießen und die Bohnen etwa 45 Minuten weich, aber nicht zu weich garen.

- In der Zwischenzeit die Vongole putzen. Dazu alle beschädigten oder bereits geöffneten Muscheln aussortieren. Den Rest in kaltes Wasser legen, damit sie sich schließen können. Weiterhin geöffnete Exemplare ebenfalls aussortieren. Die Muscheln abgießen und abtropfen lassen. Die Tomaten auf der Unterseite kreuzweise einritzen und mit kochendem Wasser überbrühen. Nach 1 Minute die Tomaten herausnehmen, häuten, halbieren, entkernen und ohne Stielansatz in kleine Würfel schneiden. Petersilie und Schnittlauch waschen und trocken schütteln. Die Petersilienblätter abzupfen und in dünne Streifen schneiden. Den Schnittlauch in feine Röllchen schneiden.

- Die Seeteufelmedaillons mit Salz und Pfeffer würzen. 2 Esslöffel Olivenöl in einer beschichteten Pfanne erhitzen und die Medaillons darin bei mittlerer Hitze von beiden Seiten etwa 2 Minuten anbraten. Die Butter dazugeben und den Seeteufel bei schwacher Hitze etwa 5 Minuten nachziehen lassen – der Fisch sollte in der Mitte noch leicht glasig sein und eine Kerntemperatur von etwa 36 °C haben.

- Während der Fisch nachzieht, Tomatenwürfel und Vongole zu den weichen Bohnen geben. Mit etwas Zitronensaft, Safran, Paprikapulver und Olivenöl abschmecken. Alles 4–5 Minuten köcheln, bis sich die Muscheln geöffnet haben. Nicht geöffnete Muscheln aussortieren. Petersilie und Schnittlauch dazugeben und das Ganze noch einmal abschmecken.

- Den kleinen bunten Bohneneintopf in tiefen Tellern anrichten, dabei darf reichlich Sud auf dem Teller schwimmen. Die Seeteufelmedaillons auflegen, mit Chorizocrumble bestreuen und servieren.

Nils' Tipps: Der Chrorizocrumble kann wunderbar vorbereitet werden und hält sich in einem Schraubglas fest verschlossen im Kühlschrank einige Tage lang. Für 1 Portion den Backofen auf 170 °C Ober-/Unterhitze (150 °C Umluft, Gas nicht empfehlenswert) vorheizen. 200 Gramm Chorizo in etwa 1 Zentimeter breite Scheiben schneiden, auf einem mit Backpapier belegten Backblech verteilen und im heißen Ofen 15 Minuten rösten. Die gerösteten Scheiben vom Blech nehmen (das Fett abgießen und als Würzöl für Salate, Hähnchen oder Fisch verwenden). Die Backofentemperatur auf 80 °C Ober-/Unterhitze (60 °C Umluft) reduzieren. Die Chorizoscheiben im Standmixer oder Blitzhacker ganz fein mixen. Die entstandenen Krümel wieder auf einem mit Backpapier belegten Blech verteilen und im heißen Ofen etwa 1–2 Stunden trocknen.

Ruckzuck-Variante: Wem der Crumble zu aufwendig ist, schneidet die Chorizo in Würfel und lässt sie in der heißen Pfanne knusprig aus. Und für die Highspeed-Variante sind auch schon mal vorgegarte weiße Bohnen aus der Dose okay, auch wenn die geschmacklich nie an das Original herankommen.

Zum Abspecken: Den etwas teureren Seeteufel kann man durch günstigeren Fisch, zum Beispiel Kabeljau, ersetzen. Der Safran bringt Geschmack und Farbe, das brauche ich hier auch. Aber klar kann man die Menge ein wenig reduzieren und das Gericht mit 1–2 Briefchen, also 0,1–0,2 Gramm zubereiten. Dann werden Geschmack und Farbe allerdings weniger intensiv.

→ *ganz einfach, mediterran*

MUSCHELTOPF

provençal
Bouchot
Safran

Für 4 – 6 Freunde

- 2 kg Bouchout-Muscheln (siehe Warenkunde)
- 3 Tomaten
- 1 rote Paprikaschote
- 1 gelbe Paprikaschote
- 1 rote Chilischote
- 1 Zwiebel
- 2 Knoblauchzehen
- 3 Frühlingszwiebeln
- 2 EL gutes Olivenöl
- 1 Messerspitze Safranpulver oder -fäden
- Meersalz
- frisch gemahlener schwarzer Pfeffer
- 500 ml trockener Weißwein
- 1 Bund Koriandergrün
- 1 Bund glatte Petersilie
- bestes Olivenöl zum Beträufeln
- 100 g kalte Butterwürfel
- knuspriges Baguette zum Servieren

Zubereitungszeit: 35 Minuten

- Die Muscheln unter fließendem kaltem Wasser gründlich waschen und die „Bärte" entfernen. Bereits geöffnete oder beschädigte Exemplare aussortieren und entsorgen. Die Tomaten waschen, vierteln und ohne Stielansatz in Würfel schneiden. Rote und gelbe Paprika sowie die Chilischote waschen, halbieren, entkernen, die Stielansätze entfernen und ebenfalls würfeln. Zwiebel und Knoblauch abziehen und fein hacken. Die Frühlingszwiebeln waschen, trocknen und ohne Wurzelansatz in feine Ringe schneiden.

- Das Olivenöl in einem breiten Topf erhitzen und das Gemüse darin bei mittlerer Hitze farblos anschwitzen. Mit Safran, Salz und Pfeffer würzen. Die Muscheln dazugeben, mit dem Weißwein ablöschen, den Deckel auflegen und die Muscheln bei mittlerer Hitze 4–5 Minuten gar ziehen lassen. In der Zwischenzeit Koriandergrün und Petersilie waschen und trocken schütteln. Die Blätter abzupfen und fein hacken.

- Den Deckel abnehmen und die Muscheln gut durchrühren. Ungeöffnete Exemplare aussortieren und entsorgen. Die Muscheln herausheben, in eine große Schüssel umfüllen und mit etwas Olivenöl beträufeln. Den Muschelsud durch ein feines Sieb gießen und in einem kleinen Topf auffangen. Die kalte Butter dazugeben und den Sud mit dem Stabmixer aufmixen. Koriander und Petersilie dazugeben. Mit Salz und Pfeffer abschmecken.

- Den leicht gebundenen Sud über die dampfenden Muscheln gießen und das Ganze mit knusprigem Baguette servieren.

Nils' Warenkunde: Bouchot-Muscheln sind kleine, bretonische Verwandte der Pfahl- oder Miesmuscheln aus der Gegend um den wohlbekannten Mont Saint Michel. Ihr Aroma ist fein, ihr Geschmack leicht süßlich. Sie sind von bester Qualität, denn es gilt: Je sauberer das Wasser, in dem sie leben, desto besser ist die Qualität der Muscheln.

CREMIG *und* SÜSS

→ *nicht schwer, raffiniert*

BIRNE HELENE

New Style
Kardamom
Schokocreme

Für 4 Freunde

Zubereitungszeit: 1 Stunde 10 Minuten

Für die Birnen:
- 4 Birnen (siehe Tipp)
- 1 l Weißwein
- 250 g Zucker
- 1 Zimtstange
- 1 Sternanis
- 1 Vanilleschote
- 3 Kardamomkapseln

Für die Schokocreme:
- 250 g geschälte Pistazien
- 200 g brauner Zucker
- 250 g dunkle Kuvertüre
- 100 g Sahne
- 4 Backoblaten (4 cm Ø)
- etwas Milch

Außerdem:
- Apfelausstecher
- Spritzbeutel mit Lochtülle

- Die Birnen schälen, dabei den Stiel stehen lassen. Den Weißwein mit Zucker und den Gewürzen sowie 1 Liter Wasser aufkochen und die geschälten Birnen im Ganzen dazugeben. Die Flüssigkeit aufkochen und die Birnen darin bei schwacher Hitze 30–40 Minuten leicht köcheln, bis sie weich sind, aber nicht zerfallen. Den Topf vom Herd nehmen und die Birnen im Fond abkühlen lassen.

- Die abgekühlten Birnen aus dem Fond nehmen und abtropfen lassen. Vom Blütenansatz her, also von der Unterseite aus, das Kerngehäuse entfernen, dabei den Stiel stehen lassen und darauf achten, dass die Birne auch sonst ihre Form behält.

- Für die Schokocreme den Backofen auf 170 °C Umluft (190 °C Ober-/Unterhitze, Gas Stufe 3) vorheizen. Ein Backblech mit Backpapier auslegen. Pistazien und Zucker mit dem Blitzhacker oder im Mixer fein zermahlen. Die Kuvertüre grob hacken, mit der Sahne in einem Topf bei schwacher Hitze heiß werden lassen und schmelzen. Die Mischung in eine Metallschüssel umfüllen und über einem eiskalten Wasserbad (siehe Tipp Seite 152) mit dem Schneebesen kaltrühren.

- Die Schokocreme in einen Spritzbeutel füllen, die ausgehöhlte Birne mit der Schokoladencreme füllen und die Unterseite mit der Backoblate verschließen. Die gefüllten Birnen mit dem Pistazien-Zucker-Mehl panieren, dabei die Unterseite zuhalten. Die Birnen aufrecht auf das Backblech stellen und im heißen Ofen 10 Minuten backen.

- Die restliche Schokoladencreme mit etwas Milch zu einer sämigen Schokosauce verrühren und mit der heißen Birne servieren. Dazu passen eine Kugel Vanilleeis oder ein Vanillequark. Der flüssige Kern der Birne läuft beim Anschneiden heraus – ein toller Effekt für Gäste.

Nils' Tipp: Die Birnen sollten eher noch festfleischig sein als zu weich, damit sie während des Kochens nicht zerfallen oder matschig werden. Sie sind auf den Punkt gegart, wenn man sie mit einem kleinen Messer leicht einstechen kann – dies aber bitte an einer unauffälligen Stelle tun.

GRIESSOUFFLÉ

→ *nicht schwer, raffiniert*

Für 4 Freunde

Für die Vanillesauce:
- 1 Vanilleschote
- 65 g Sahne
- 65 ml Vollmilch
- 5 ml Rum
- 70 g Eigelb
- 25 g Zucker

Für das Soufflé:
- 30 g Butter plus etwas mehr für die Förmchen
- 40 g Zucker plus etwas mehr für die Förmchen
- 1 Vanilleschote
- 250 ml Milch
- 45 g Hartweizengrieß
- 50 g Eigelb
- 5 ml Rum
- Abrieb von 1 Bio-Zitrone
- 75 g Eiweiß
- 1 kleine Prise Salz
- Puderzucker zum Bestäuben

Für die roten Früchte:
- 800 g Beeren der Saison (z.B. Himbeeren, Brombeeren, Blaubeeren)

Außerdem:
- 4 Souffléförmchen (8 cm Ø)

Rote Früchte
Vanillesauce

Zubereitungszeit: 1 Stunde

- Für die Sauce die Vanilleschote längs einritzen und das Mark herauskratzen. Sahne, Milch, Rum und Vanillemark aufkochen. Die Mischung in eine Metallschüssel umfüllen und auf ein heißes Wasserbad setzen. Eigelb und Zucker verquirlen, unter die heiße Vanillesahne schlagen und die Sauce rühren, bis ihre Konsistenz dick cremig ist. In eine Schüssel umfüllen, abdecken und im Kühlschrank kalt stellen.

- Die Souffléformen gut ausbuttern, mit Zucker ausstreuen und in den Kühlschrank stellen. Den Backofen auf 250 °C Umluft (270 °C Ober-/Unterhitze, Gas Stufe 7) vorheizen. Ein tiefes Backblech mit Küchenpapier auslegen und so viel Wasser angießen, dass die Souffléförmchen zu einem Drittel im Wasserbad stehen. Das Backblech ohne die Formen im vorgeheizten Backofen stehen lassen.

- Für das Soufflé die Vanilleschote längs einritzen und das Mark herauskratzen. Milch, Vanillemark und Butter aufkochen. Den Hartweizengrieß einrieseln lassen. Alles unter ständigem Rühren aufkochen und bei niedriger Hitze köcheln, bis die Grießmasse gut abgebrannt ist, das heißt sich vom Topfboden löst.

- Die Masse in eine Rührschüssel umfüllen. Eigelb, Rum und Zitronenabrieb sorgfältig unterrühren. Eiweiß, ein Drittel des Zuckers und 1 Prise Salz mit den Quirlen des Handrührgeräts oder in der Küchenmaschine langsam cremig aufschlagen. Nach und nach den restlichen Zucker dazugeben, dabei den Eischnee auf hoher Stufe sehr steif schlagen. Einen Teil des Eischnees unter die Grießmasse heben, dann nach und nach den Rest dazugeben. Die luftige Soufflémasse auf die gebutterten Formen verteilen, diese aber maximal zwei Drittel hoch füllen. Die Formen vorsichtig in das Wasserbad setzen, die Ofentemperatur auf 180 °C Umluft (200 °C Ober-/Unterhitze, Gas Stufe 3–4) reduzieren und die Soufflés etwa 20 Minuten backen, bis sie schön aufgegangen sind.

- In der Zwischenzeit die Beeren verlesen, waschen und nach Bedarf von Stielansätzen befreien. Die fertigen Soufflés aus dem Ofen nehmen und vorsichtig auf Teller stürzen. Anschließend kurz ruhen lassen, damit sie stabiler werden.

- Die Soufflés mit den roten Früchten und der Vanillesauce servieren, mit Puderzucker bestäuben.

→ *ganz einfach, gut für viele*

PISTAZIENPARFAIT

Schokosüppchen Pfirsich

Für 8–10 Freunde

Zubereitungszeit: 35 Minuten + 6–8 Stunden Kühlzeit

Für das Pistazienparfait:
- 500 g Sahne
- 6 Eigelb
- 350 g Zucker
- Salz
- 100 g gehackte geschälte Pistazienkerne

Für das Schokosüppchen:
- 400 g weiße Kuvertüre
- 1 Vanilleschote
- 500 ml Milch
- 500 g Sahne
- 250 g griechischer Joghurt (10 % Fett)

Für den Pfirsich:
- 2 reife Pfirsiche
- 100 g Himbeeren
- 3–4 EL gehackte Pistazienkerne

Außerdem:
- Terrine oder Kastenform (20 cm Länge)

- Für das Pistazienparfait die Sahne steif schlagen und im Kühlschrank kalt stellen. Eigelb und Zucker mit 1 Prise Salz in einer Metallschüssel auf einem heißen Wasserbad mit dem Schneebesen etwa 10 Minuten dick cremig aufschlagen.

- Die Masse auf einem eiskalten Wasserbad (siehe Tipp Seite 152) mit dem Schneebesen kaltrühren. Wenn sie abgekühlt ist, die steife Sahne und die gehackten Pistazien unterheben. Boden und Seitenwände der Terrine oder Kastenform möglichst faltenfrei mit Frischhaltefolie oder einem aufgeschnittenen Gefrierbeutel auskleiden. Die Masse einfüllen und das Parfait im Gefrierfach mindestens 6–8 Stunden, am besten über Nacht, gefrieren lassen.

- Für das Schokosüppchen die Kuvertüre grob hacken. Die Vanilleschote der Länge nach einritzen und das Mark herauskratzen. Kuvertüre, Vanillemark samt Schote, Milch und Sahne in einem Topf bei mittlerer Hitze erhitzen, bis die Schokolade geschmolzen ist. Den Topf vom Herd nehmen, die Masse leicht abkühlen lassen und den Joghurt unterrühren. Im Kühlschrank kalt stellen.

- Die Pfirsiche waschen, trocknen, halbieren, entkernen und in Spalten schneiden. Die Himbeeren waschen. Das Parfait aus dem Gefrierfach nehmen, 5 Minuten antauen lassen, mithilfe der Folie aus der Form heben und nach Belieben in Scheiben oder Würfel schneiden.

- Parfait und Pfirsichspalten in der Mitte tiefer Teller anrichten, das weiße Schokoladensüppchen angießen, mit Himbeeren garnieren und mit gehackten Pistazien bestreut servieren.

Nils' Tipp: Anstelle einer großen Terrinenform fülle ich das Parfait vor dem Einfrieren manchmal auch in kleine Silikonformen ab. Das erleichtert das spätere Entnehmen und Portionieren. Je nachdem, welche Form man wählt, sieht das später auf dem Teller richtig cool aus.

PANNACOTTA

Vanille
Mangotopping
Minze

→ *ganz einfach, vielseitig*

Für 6–8 Freunde

Für die Pannacotta:
- 2 Vanilleschoten
- 500 ml Milch
- 375 g Sahne
- 100 g Zucker
- 7 Blatt Gelatine

Für das Mangotopping:
- 2 reife Mangos
- 3 Passionsfrüchte

Für die Minze:
- 2 Stiele Minze

Zubereitungszeit: 30 Minuten + 2 Stunden Kühlzeit

- Für die Pannacotta die Vanilleschoten der Länge nach einritzen und das Mark herauskratzen. Mark samt Schoten, Milch, 200 Gramm Sahne und den Zucker in einem Topf bei mittlerer Hitze aufkochen, die Temperatur reduzieren und die Mischung bei schwacher Hitze 20 Minuten ziehen lassen.

- In der Zwischenzeit die Gelatine in reichlich kaltem Wasser einweichen. Die restliche Sahne mit den Quirlen des Handrührgeräts steif schlagen. Die Milch-Sahne-Mischung vom Herd nehmen und die Vanilleschoten entfernen. Die Gelatine gut ausdrücken und in der heißen Milch auflösen.

- Die Milchmischung in einer Metallschüssel über einem eiskalten Wasserbad mit dem Schneebesen kaltrühren (siehe Tipp), bis sie zu gelieren beginnt. Die steif geschlagene Sahne unterheben und die Masse in Gläser abfüllen. Die Gläser mit Frischhaltefolie abdecken und die Masse im Kühlschrank mindestens 2 Stunden kalt stellen, bis sie richtig fest ist.

- Für das Topping die reifen Mangos schälen, das Fleisch links und rechts vom Stein schneiden und fein würfeln. Die Passionsfrüchte halbieren, das Mark herauskratzen und mit den Mangowürfeln mischen. Die Minze waschen und trocken schütteln. Die Blätter abzupfen und grob schneiden.

- Die Pannacotta mit dem Fruchtsalat toppen und mit Minze garniert servieren.

Nils' Tipp: Gerade bei cremigen Desserts ist das Kaltrühren eine gute Sache. Denn überlässt man sie beim Abkühlen sich selbst, kann es passieren, dass sich ihre Konsistenz ungünstig verändert und sich zum Beispiel an der Oberfläche eine unwillkommene Haut bildet. Zum Kaltrühren füllen Sie eine große Schüssel mit kaltem Wasser und geben zusätzlich einige Eiswürfel dazu. Die heiße Creme füllen Sie in eine kleinere Metallschüssel um – Metall leitet besser als zum Beispiel Plastik – und stellen diese in die mit Eiswasser gefüllte Schüssel. Nun rühren Sie die Masse mit einem Schneebesen durch, bis sie wunschgemäß abgekühlt ist.

Zum Variieren: Das ist ein mega einfaches Dessert, das man super vorbereiten kann und eigentlich jeder liebt. Zur Pannacotta serviere ich je nach Saison auch gerne Beeren oder im Winter ein schönes Apfelkompott mit etwas Zimt.

→ ganz einfach, klassisch

COULANT
au Chocolat

Für 4–6 Freunde
Zubereitungszeit: 25 Minuten

Für das Coulant au Chocolat:
- 250 g dunkle Kuvertüre
- 250 g Butter plus etwas mehr für die Förmchen
- 6 Eigelb
- 110 g Zucker
- 4 Eier
- 40 g Mehl

Außerdem:
- 4–6 Soufflé- oder Backförmchen (8 cm ⌀)

- Den Backofen auf 170 °C Umluft (190 °C Ober-/Unterhitze, Gas Stufe 3) vorheizen. Die Kuvertüre grob hacken, mit der Butter in einen kleinen Topf geben und bei niedriger Hitze schmelzen. Eigelb und Zucker in einer Schüssel mit den Quirlen des Handrührgeräts oder in der Küchenmaschine schaumig aufschlagen. Eier und Mehl dazugeben und alles gut vermengen.

- Die Schokoladen-Butter-Mischung unter die Eier-Zucker-Mehl-Masse heben. Den Teig auf die gebutterten Ofenförmchen verteilen, diese aber maximal zwei Drittel hoch füllen. Die Küchlein im heißen Ofen 7–8 Minuten backen – der Kern sollte in jedem Fall noch flüssig sein.

- Das Coulant au Chocolat aus dem Ofen nehmen, kurz abkühlen lassen, dann stürzen und noch heiß servieren. Dazu passt sehr gut ein Früchteragout (siehe zum Variieren), Vanilleeis oder ein Beerensorbet (siehe zum Pimpen).

Zum Variieren: Wer zur Schokolade etwas Fruchtiges mag, ergänzt das Rezept zum Beispiel mit einem simplen Erdbeerragout. Dazu 800 Gramm Erdbeeren waschen, vom Stielansatz befreien und in schöne kleine Würfel schneiden. Je nach Süße der Früchte 1–2 Teelöffel Zucker sowie 1 Spritzer Zitronensaft dazugeben und die Erdbeeren vor dem Servieren 5–10 Minuten marinieren. Als Garnitur eignet sich Zitronenmelisse oder Minze.

Zum Pimpen: Wer eine Eismaschine zu Hause hat, kann bei seinen Gästen mit folgender Beilage ganz sicher zusätzliche Punkte einfahren – dem Erdbeersorbet. Dazu 700 Gramm Erdbeeren waschen und vom Stielansatz befreien. 100 Gramm Erdbeeren in wirklich feine Würfel schneiden. Den Rest mit 50 Gramm Glukosesirup (aus dem Backfachhandel oder dem Internet) und 1 Prise Salz im Standmixer oder mit dem Stabmixer fein pürieren. Die Erdbeerwürfel unterheben und die Masse in der Eismaschine etwa 1 Stunde gefrieren. In eine Frischhaltedose umfüllen und vor dem Servieren weitere 2 Stunden im Tiefkühlfach einfrieren. Die schöne Cremigkeit „wie beim Italiener" kann leider nur durch den Einsatz einer Eismaschine erreicht werden, darum empfehle ich hier ausnahmsweise keine Alternative.

JOGHURTESPUMA

Kirschen
Streusel

→ nicht schwer, raffiniert

Für 4 Freunde

Für die Joghurtespuma:
- 200 g Sahne
- 130 g Zucker
- 800 g griechischer Joghurt (10 % Fett)
- Abrieb von 2 Bio-Limetten

Für die Streusel:
- 125 g kalte Butterwürfel
- 125 g brauner Zucker
- 125 g Mehl
- 125 g gemahlene Mandeln
- 1 Prise Salz

Für die Kirschen:
- 1 kg Kirschen

Außerdem:
- Sahnesiphon
- 2 Sahnekapseln

Zubereitungszeit: 35 Minuten

- Für die Espuma Sahne und Zucker aufkochen und wieder abkühlen lassen. Joghurt und Limettenabrieb untermischen. Die Joghurtmasse in einen Sahnesiphon füllen, den Siphon verschließen und 2 Sahnekapseln hineindrehen. Den Spender gut schütteln und bis zur Verwendung, aber mindestens 15 Minuten im Kühlschrank kalt stellen.

- Für die Streusel den Backofen auf 170 °C Umluft (190 °C Ober-/Unterhitze, Gas Stufe 3) vorheizen. Butter, Zucker, Mehl, Mandeln und Salz schnell zu einem homogenen Teig verkneten. Den Teig zwischen den Fingern zu Streuseln zerreiben und auf einem mit Backpapier belegten Blech verteilen. Die Streusel im heißen Ofen etwa 20 Minuten goldbraun backen.

- In der Zwischenzeit die Kirschen waschen und entsteinen. Die goldbraunen Streusel aus dem Ofen nehmen und auskühlen lassen.

- Kirschen, Joghurtespuma und Streusel abwechselnd auf Gläser verteilen und sofort servieren.

Ruckzuck-Variante: Wenn es schneller gehen soll oder gerade nicht Saison ist, tun es auch schon mal gut abgetropfte Kirschen aus dem Glas. Ich mag zum Beispiel auch Beerenobst, Pfirsich oder Ananas gerne in diesem Dessert.

→ *nicht schwer, raffiniert*

GAZPACHO

Erdbeeren
grüner Pfeffer
Mascarpone

Für 4–6 Freunde

Zubereitungszeit: 20 Minuten + 30 Minuten Kühlzeit

Für die Erdbeergazpacho:
- 1 kg Erdbeeren
- 150 ml Läuterzucker (siehe Warenkunde)
- 2 EL Wodka
- 3 EL Limettensaft
- 2 EL gutes Olivenöl
- 1 TL Meersalz
- 1 TL eingelegter grüner Pfeffer

Für den Mascarpone:
- 1 Vanilleschote
- 50 ml Läuterzucker (siehe Warenkunde)
- 250 g Mascarpone
- 100 g griechischer Joghurt (10 % Fett)
- Abrieb von 2 Limetten
- 3 EL gehackte geschälte Pistazienkerne

- Für die Gazpacho die Erdbeeren waschen, einige schöne Exemplare für die Garnitur beiseitelegen. Den Rest vom Stielansatz befreien, dann mit Läuterzucker, Wodka, Limettensaft, Olivenöl, Salz und grünem Pfeffer im Standmixer oder mit dem Stabmixer sehr fein pürieren und in eine Metallschüssel umfüllen. Eine zweite, größere Schüssel mit kaltem Wasser und Eiswürfeln füllen. Die Schüssel mit der Erdbeergazpacho hineinstellen, um die Gazpacho mindestens 30 Minuten zu kühlen.

- In der Zwischenzeit für den Mascarpone die Vanilleschote der Länge nach einritzen und das Mark herauskratzen. Läuterzucker und Vanillemark in einem kleinen Topf einmal kurz aufkochen. Mascarpone, Joghurt, Limettenabrieb und die Läuterzucker-Vanille-Mischung in einer Schüssel mit dem Schneebesen oder den Quirlen des Handrührgeräts glatt rühren.

- Den Mascarpone mittig in tiefen Tellern platzieren. Die eisgekühlte Erdbeergazpacho angießen, mit den restlichen Erdbeeren garnieren und mit den gehackten Pistazienkernen bestreut servieren.

Nils' Warenkunde: Läuterzucker ist ein Zuckersirup, der in der Patisserie und bei der Eisherstellung sehr oft zum Einsatz kommt. Gegenüber Kristallzucker hat Läuterzucker den Vorteil, dass er bereits flüssig ist. Für etwa 400 Milliliter Läuterzucker 250 Gramm Zucker und 250 Milliliter Wasser in einem kleinen Topf aufkochen, dabei nicht umrühren. Die Mischung 1 Minute sprudelnd kochen. Den Sirup noch heiß in eine Flasche abfüllen. Im Kühlschrank hält er sich so mindestens 6–8 Wochen.

TARTE

Maracuja
Vanille
Sahne

→ *nicht schwer, exotisch*

Für 6 – 7 Freunde

Für den Mürbeteig:
- 400 g Mehl
- 200 g eiskalte Butterwürfel plus etwas mehr für die Formen
- 110 g Puderzucker
- 1 Prise Salz
- 1 Eigelb

Für den Belag:
- 1 Vanilleschote
- 9 Eier
- 400 g Puderzucker
- 250 g Passionsfrucht- bzw. Maracujamark
- 250 g Sahne
- Zucker zum Bestreuen

Außerdem:
- 2 Tarteformen (16–20 cm Ø)
- Flambierbrenner
- Hülsenfrüchte zum Blindbacken

Zubereitungszeit: 1 Stunde 30 Minuten + 3 Stunden Kühlzeit

- Für den Mürbeteig Mehl, Butter, Puderzucker, Salz und Eigelb zügig zu einem gleichmäßigen Mürbeteig verarbeiten. Den Teig zu einer Kugel formen, in Frischhaltefolie wickeln und im Kühlschrank 1 Stunde ruhen lassen.

- Den Backofen auf 180 °C Umluft (200 °C Ober-/Unterhitze, Gas Stufe 3–4) vorheizen. Den Teig halbieren, jede Hälfte wieder zu einer Kugel formen und mit einem Rollholz zwischen zwei Bögen Backpapier schön dünn und rund ausrollen. Sein Durchmesser sollte etwa 8 Zentimeter größer als der Durchmesser des Bodens der Tarteform sein. Die beiden Formen mit Butter reichlich fetten.

- Die Teigkreise vorsichtig in die Tarteformen legen und überstehende Teigränder abschneiden. Den Teig mit einer Gabel mehrfach einstechen und im heißen Ofen 15 Minuten blindbacken (siehe Tipp). Die Temperatur auf 140 °C Umluft (160 °C Ober-/Unterhitze, Gas Stufe 1–2) reduzieren und den Teig weitere 20 Minuten backen. Die Formen aus dem Ofen nehmen, die Hülsenfrüchte samt Backpapier entfernen und den Teig auskühlen lassen. Die Backofentemperatur auf 100 °C Umluft (120 °C Ober-/Unterhitze, Gas Stufe 1) reduzieren.

- Für den Belag die Vanilleschote der Länge nach einritzen und das Mark herauskratzen. Eier, Puderzucker und Vanillemark mit den Quirlen des Handrührgeräts leicht aufschlagen. Passionsfruchtmark und Sahne sorgfältig untermischen.

- Die beiden Tarteböden mit der Masse füllen und weitere 30 Minuten im heißen Ofen backen, bis die Füllung gestockt ist. Die fertigen Tartes aus dem Ofen nehmen und an einem kühlen Ort mindestens 2 Stunden auskühlen lassen.

- Die Tartes aus den Formen lösen, in Stücke schneiden, vor dem Servieren mit Zucker bestreuen und mit dem Flambierbrenner die Oberfläche goldbraun karamellisieren. Dazu passt hervorragend ein Beerensorbet oder ein Erdbeereis.

Nils' Tipp: **Blindbacken** bedeutet, den Teigboden mit Backpapier auszulegen, dieses mit getrockneten Hülsenfrüchten, zum Beispiel Erbsen, Bohnen oder Linsen, zu beschweren und den Teig vorzubacken, bevor die Füllung daraufkommt und er wieder in den Ofen wandert. Das verhindert, dass sich der Teig wölbt, stattdessen bleibt er schön flach und wird von der späteren Füllung nicht durchfeuchtet.

MENÜVORSCHLÄGE

Menü „Frühling"

Minestrone mit Safran und Parmesan (Seite 27)

Wachtelbrust mit Speckvinaigrette und Erbsenpüree (Seite 104)

Grießsoufflée mit roten Früchten und Vanillesauce (Seite 146)

Menü „Sommer"

Salat niçoise mit Wachtelei und Thunfisch (Seite 45)

Taboulé mit Gurkenayran und Minze (Seite 99)

Gazpacho mit Erdbeeren, grünem Pfeffer und Mascarpone (Seite 159)

Menü „Herbst"

Linsensuppe Oriental Style mit Ducca und Mango (Seite 38)

Maispoularde mit Buchenpilz-Quinoa und Rote-Bete-Vinaigrette (Seite 103)

Birne Helene New Style mit Kardamom und Schokocreme (Seite 145)

Menü „Winter"

Entenrillette mit Kumquatchutney und Grillbrot (Seite 66)

Rinderbacke mit Quitte und Selleriezweierlei (Seite 120)

Coulant au Chocolat (Seite 155)

Menü „Für Viele"

Kartoffeltortilla mit Manchego und bunten Tomaten (Seite 56)

Meatballs mit Schmortomatensugo und Basilikum (Seite 110)

Pannacotta mit Vanille, Mangotopping und Minze (Seite 152)

Festliches Menü

Lachspraline mit Coleslaw und Granatapfel (Seite 72)

Rinderfilet mit Steinpilzen, Frühlingszwiebeln und Süßkartoffeln (Seite 118)

Tarte mit Maracuja, Vanille und Sahne (Seite 160)

GLOSSAR

Begriffe, unbekanntere Zutaten & Hilfsmittel

Anrichteringe – Die Ringe aus Metall oder Kunststoff helfen dabei, fertige Speisen auf den Tellern in Form zu bringen. Im Fachhandel sind sie in Standardmaßen ab etwa 6 Zentimeter Durchmesser erhältlich, lassen sich aber beispielsweise auch durch große oder kleine runde Ausstecher ersetzen. Ich verwende sie beispielsweise dazu, um die Lachspralinen auf Seite 72 in Form zu bringen.

Ayran – Das Erfrischungsgetränk aus einer Mischung von Joghurt und Wasser im Verhältnis 2 : 1 und abgeschmeckt mit Salz stammt ursprünglich aus dem Kaukasus und Anatolien. Toll schmeckt Ayran mit Minze – wie im Rezept auf Seite 99 – oder auch mit Basilikum aromatisiert.

Confit – Das sehr langsam im eigenen Fett gegarte Fleisch können Sie fertig im Feinkosthandel oder über das Internet kaufen. Wer etwas mehr Zeit hat und seine Gäste sprachlos machen möchte, stellt das Entenconfit ganz einfach selbst her. Im Rezept auf Seite 106/107 zeige ich Ihnen, wie das geht.

Ducca – Die äthiopische Gewürzmischung hat ein nussiges Aroma und ist in der Küche vielseitig einsetzbar. Sie passt gut zu Fisch, ist aber auch in Suppen wie meiner Linsensuppe auf Seite 38 der Hammer. Ich mag sie am liebsten mit Haselnuss- und Mandelkernen.

Flambierbrenner – Die mit Feuerzeuggas befüllbaren Handbrenner eignen sich in der Küche nicht nur zum Abflämmen und Karamellisieren der Zuckerschicht auf der Crème brûlée. Mit ihnen kann man genauso gut Paprikaschoten und Tomaten häuten. Sie finden sich eigentlich in jeder Haushaltswarenabteilung, und inzwischen besitzt fast jeder ambitionierte Hobbykoch ein solches Stück. Ich benutze ihn gerne zum Abflämmen von Fisch wie dem Kabeljau auf Seite 133 oder zum Pimpen von Crostini mit einer Scheibe abgeflämmtem Lardo wie im Rezept auf Seite 60.

Harissa – Die nordafrikanische Gewürzpaste enthält meist Chilis, Kreuzkümmel, Koriander, Knoblauch, Salz und Olivenöl. Ihr feurig-scharfer Geschmack passt sehr schön zu vegetarischen Gerichten oder Geflügelgerichten. Wer sie nicht selbst macht, kauft sie in orientalischen Supermärkten, wo sie in Dosen, Gläsern oder auch Tuben angeboten wird. Ich würze in diesem Buch mein Lammkebab auf Seite 122/123 damit.

Hoisinsauce – Die dickflüssige, dunkle Sauce aus der asiatischen Küche insbesondere Chinas und Vietnams schmeckt kräftig und süß, ihr Hauptbestandteil sind fermentierte Sojabohnen. Ich benutze sie gerne als Zutat für Marinaden wie im Rezept für die Chicken Drumsticks auf Seite 109 oder im Lack für die Spareribs auf Seite 114.

Jalapeño – Die Heimat der kleinen bis mittelgroßen scharfen Paprikaschote sind die USA und Mexiko. Hier gehören die Jalapeños zu den wichtigsten Chilisorten und sind in nahezu jedem Supermarkt zu bekommen. Bei uns in

Deutschland gibt es sie häufig leider nur eingelegt zu kaufen. Jalapeños geben zum Beispiel meinem Ceviche auf Seite 71 eine sehr schöne Schärfe. Wer sie auch nicht eingelegt bekommt, ersetzt sie durch gewöhnliche, bei uns erhältliche Chilischoten.

Jus — Der kräftig schmeckende, konzentrierte und entfettete Fleischfond oder Bratensaft aus Knochen, Rotwein und Röstgemüse ist für mich der allerbeste Begleiter zu Fleischgerichten wie dem Rinderfilet auf Seite 118/119 und eine großartig würzende Komponente für Saucen wie die Orangenjus auf Seite 107.

Kugelausstecher — Das löffelartige Spezialmesser ist auch als Pariser Ausstecher bekannt und gehört zugegebenermaßen zur erweiterten Küchenausstattung. Die Ränder der Halbkugel, in die der Griff mündet, sind scharfkantig ausgebildet und fungieren als Klinge, um aus Obst und Gemüse problemlos Kugeln verschiedener Größe ausstechen zu können. Die Kugeln oder Perlen sehen — wie zum Beispiel meine Zucchiniperlen auf Seite 127 — auf dem Teller beim Anrichten einfach toll aus.

Lab — Das Gemisch aus den Enzymen Chymosin und Pepsin wird aus dem Labmagen von Wiederkäuern gewonnen. Man benötigt es zur Herstellung vieler Käsesorten wie zum Beispiel Parmesan, denn mit seiner Hilfe dickt die Milch ein, ohne sauer zu werden. Menschen, die sich aus Überzeugung vegetarisch ernähren, verzichten aufgrund des tierischen Ursprungs meist auf den Genuss solcher Käsesorten oder greifen auf Produkte zurück, die mithilfe von pflanzlichen, mikrobiellen oder biotechnologisch erzeugten Labaustauschstoffen hergestellt worden sind. Darum habe ich in meinen vegetarischen Rezepten hierauf extra hingewiesen, wie zum Beispiel dem Selleriesotto auf Seite 86. Es lohnt sich, an der Käsetheke nach jeweiligen Alternativen zu fragen.

Lardo — Hinter diesem Begriff verbirgt sich köstlicher italienischer fetter Rückenspeck vom Landschwein. Gewürzt und gesalzen reift er üblicherweise drei bis sechs Monate in speziellen Marmortrögen. Seine Konsistenz sollte fest, aber mit zartem Schmelz sein, sein Duft sehr aromatisch. Als Topping auf Crostini abgeflämmt — wie im Rezept auf Seite 60 — ist er eines meiner absoluten Highlights.

Panko — Das grobkörnige Paniermehl ist die etwas leichtere japanische Antwort auf unsere Semmelbrösel. Sie bekommen es in jedem Asiamarkt. Ich liebe es, damit zu panieren, wie hier in diesem Buch die Sellerieschnitzel auf Seite 96, weil die Panade so schön locker, aber knusprig wird.

Pimentón de la Vera — Hinter diesem herkunftsgeschützten Namen verbirgt sich ein feines Rauchpaprikapulver aus der spanischen Provinz Extremadura. Es verleiht Gerichten eine würzig-pikante Note. Wohl dosiert ist Pimentón de la Vera eine tolle Alternative zu gewöhnlichem edelsüßem Paprikapulver, so zum Beispiel auch in meinem Rezept für Kartoffeltortilla auf Seite 56.

Pommery-Senf – Der „Moutarde de Meaux" der Alten Mühle in Meaux ist weltbekannt und sehr beliebt, seine Tradition reicht bis in das 17. Jahrhundert zurück. Der grob gemahlene Senf ist mild-scharf im Geschmack. Er passt nicht nur zu Fisch oder Jakobsmuscheln sehr gut, sondern ist auch ein würziger Begleiter zu Geflügel oder Lamm. Ich verwende ihn gerne in Vinaigrettes wie der für das Kalbscarpaccio auf Seite 62. Erhältlich ist der Pommery-Senf in sehr gut sortierten Supermärkten, im Groß- oder Feinkosthandel. Alternativ kann man ihn durch feinen Dijon-Senf ersetzen.

Queller – Die Stängel beziehungsweise Sprossen der sehr salzhaltigen Pflanze, die auch als Salicorne oder Passe Pierre bekannt ist, geben Gerichten einen ganz speziellen Würzekick. Sie wächst auf Salzwiesen, daher hat sie ihre sehr salzige Geschmacksnote. Ich liebe Queller noch knackig nur leicht blanchiert wie im Rezept auf Seite 127 oder kurz in der Pfanne angeschwenkt.

Ras el-Hanout – Die Zusammensetzung dieser orientalischen Gewürzmischung variiert von Land zu Land und enthält nicht selten bis zu 20 unterschiedliche Zutaten. Meist sind Koriander, Kardamom, Muskat, Zimt, Macis, Anis, Kurkuma, Chili, Ingwer, Nelken, Pfeffer und Paprika mit von der Partie. Ich finde Ras el-Hanout in Suppen wie der Linsensuppe auf Seite 38 oder klassisch zu Couscous wie auf Seite 89 toll, experimentiere damit aber auch gerne wie beispielsweise beim Confit auf Seite 106/107.

Reisessig – Im Gegensatz zu unserem Weinessig ist der asiatische Reisessig recht mild im Geschmack, weil er weniger Säure enthält. Vielleicht ist er Ihnen schon einmal zum Würzen von Reis beispielsweise für Sushi begegnet. Aufgrund seiner milden Säure verwende ich ihn gerne für Grillmarinaden und -lacke wie zum Beispiel die Spareribs auf Seite 114.

Risoni – Die in Italien als Risoni bekannten reisförmigen Nudeln heißen in Griechenland Kritharaki. Wie herkömmliche Nudeln werden sie aus Hartweizengrieß hergestellt. Ich bereite sie gerne wie ein Risotto zu oder gebe sie zum Ratatouille dazu wie im Rezept auf Seite 94.

Sahnekapseln/Sahnesiphon – Die kleinen Patronen zum Befüllen des Sahnesiphons enthalten N_2O, also Distickstoffmonoxid, was nichts anderes als Lachgas ist. Das Gas verhilft der Füllung des Sahnesiphons – auch als Sahnespender bekannt – zu Schaumigkeit und Stand. Die damit auf die Teller gespritzten herzhaften oder süßen Cremes, häufig auch „Espuma" genannt wie zum Beispiel im Dessertrezept auf Seite 156, werden in ihrer Konsistenz schön luftig und sehen auf Tellern oder in Gläser gespritzt einfach sehr schön aus.

Salsiccia – Die italienische Wurst ist mit einer groben Bratwurst verwandt, wird durch die Zugabe von Wein, Kräutern und Gewürzen allerdings meist etwas aromatischer und herzhafter im Geschmack. Am bekanntesten ist Salsiccia mit Fenchel. Anstatt sie im Ganzen wie eine Bratwurst zu braten oder zu grillen, können Sie das Brät auch hervorragend wie im Rezept für die Orecchiette auf Seite 68 aus der Pelle lösen und als würzige Fleischeinlage für Saucen oder Risottos verwenden.

Sesamöl, geröstet/ungeröstet — Während das helle, ungeröstete Öl relativ geruchs- und geschmacksneutral ist, hat das bernsteinfarbene Öl, das aus gerösteten Samen gewonnen wird, ein intensiv nussiges Röstaroma. Die geröstete Variante setzt man daher nicht zum Kochen und Braten, sondern nur wohldosiert als Würze ein. Ich benutze beide Varianten gerne sowohl für orientalische als auch asiatische Gerichte wie mein Roastbeef Thai Style auf Seite 78, die Chicken Drumsticks auf Seite 109 oder zum Marinieren der Kichererbsen auf Seite 122/123.

Sojabohnenpaste, dunkel/hell — Sie ist auch als Misopaste bekannt und gehört zu den Grundzutaten der asiatischen Küche. Häufig dient sie als Basis für Suppen, würzt aber auch Saucen und andere herzhafte Gerichte mit Fisch, Fleisch, Geflügel und Gemüse. Die Paste besteht aus fermentierten Sojabohnen, Gerste oder Reis und Salz. Ihr würziger Geschmack kombiniert mit Hoisinsauce (siehe weiter oben) gibt meinen Spareribs auf Seite 114 genau den richtigen Geschmack.

Rezeptregister von A bis Z nach Kapiteln

Suppen und Salate

Brokkolisuppe mit Speck, Macadamia und Nektarine	32
Brotsalat mit Tomaten, Rosmarinhonig und Ziegenquark	40
Caesar Salad mit Maishuhn und Croûtons	46
Gelbe Gazpacho mit Riesengarnelen, Avocado und Mango	28
Knoblauchsuppe mit dicken Bohnen und Räucherforelle	37
Kürbissuppe mit Pfifferlingen, Ricotta und Salbei	23
Linsensuppe Oriental Style mit Ducca und Mango	39
Minestrone mit Safran und Parmesan	27
Salat niçoise mit Wachtelei und Thunfisch	45
Selleriecremesuppe mit Beef Tatar, Roter Bete, und Selleriechips	34
Spargelsalat mit Pfefferlachs, Kräutersenf und Brunnenkresse	42
Vichyssoise mit Artischocken und Knoblauchchips	24

Klein und vorab

Bohnensalat mit French Dressing und Curry-Cashews	75
Carpaccio vom Kalb mit Rucola und Senfvinaigrette	62
Ceviche vom Schwertfisch mit Mango und Paprikamix	71
Crostini mit Roquefort-Birnen, Haselnuss und Lardo	60
Entenrillette mit Kumquatchutney und Grillbrot	66
Gambas al Ajillo mit Chili und Zitrone	50
Kartoffeltortilla mit Manchego und bunten Tomaten	56
Lachspraline mit Coleslaw und Granatapfel	72
Mixed Pickles im Ingwersud	65
Orecchiette mit Salsiccia, Tomatensugo und Kräutern	68
Pulposalat mit Passionsfruchtöl und Chorizochips	81
Roastbeef Thai Style mit Koriandergrün und Erdnüssen	78
Rucolasalat mit Basilikum, Serranoschinken & Grillpfirsich	55
Süßkartoffeln mit Guacamole und Gewürzsalz	52
Waldorfsalat mit Dinkelcrunch und Bresaola	76

Vegetarisch und Co.

Butternusskürbis mit Rosmarin und Schnittlauchquark	95
Couscous mit Pimentos, Schmorwurzelsud und Kuhmilchkäse	89
Pappardelle mit Waldpilzen und Kirschtomaten	84
Pestokartoffeln mit Ochsenherzentomaten und Zitronenfrischkäse	90
Ratatouille mit Risoni und Hartkäsecrunch	94
Sellerieschnitzel mit BBQ-Preiselbeeren und Römersalat	96
Selleriesotto mit Amarettini und Mascarpone	86
Taboulé mit Gurkenayran und Minze	99

Fleisch und Geflügel

Chicken Drumsticks mit Ingwermarinade und Mango-Sesam-Dip	109
Entenconfit mit Gewürzlinsen und Orangenjus	106
Kalbskotelett mit Tomatenkompott und Artischocken	116
Lammkebab mit Baba Ganoush, Räucherpaprika und Kichererbsen	122
Maispoularde mit Buchenpilz-Quinoa und Rote-Bete-Vinaigrette	103
Meatballs mit Schmortomatensugo und Basilikum	110
Rinderbacke mit Quitte und Selleriezweierlei	120
Rinderfilet mit Steinpilzen, Frühlingszwiebeln und Süßkartoffeln	118
Spareribs mit Hoisinlack und Bohnenpaste	114
Wachtelbrust mit Speckvinaigrette und Erbsenpüree	104

Fisch und Meeresfrüchte

Bouillabaisse mit Heilbutt und Muscheln	136
Dorade im Pergament mit Schmorgemüse und Basilikum	128
Kabeljau mit Boudin noir, Champagnerkraut und Petersiliencreme	133
Loup de Mer mit Caponata Style Salad und Ciabattachips	130
Muscheltopf provençal mit Bouchot und Safran	141
Seeteufel Mar y Montana mit Chorizo und Vongole	138
Steinbutt mit Pulpo und Zucchiniperlen	127

Cremig und süß

Birne Helene New Style mit Kardamom und Schokocreme	145
Coulant au Chocolat	155
Gazpacho mit Erdbeeren, grünem Pfeffer und Mascarpone	159
Grießsoufflé mit roten Früchten und Vanillesauce	146
Joghurtespuma mit Kirschen und Streuseln	156
Pannacotta mit Vanille, Mangotopping und Minze	152
Pistazienparfait mit Schokosüppchen und Pfirsich	151
Tarte mit Maracuja, Vanille und Sahne	160

Rezeptregister von A bis Z

Birne Helene New Style mit Kardamom und Schokocreme 145
Bohnensalat mit French Dressing und Curry-Cashews 75
Bouillabaisse mit Heilbutt und Muscheln 136
Brokkolisuppe mit Speck, Macadamia und Nektarine 32
Brotsalat mit Tomaten, Rosmarinhonig und Ziegenquark 40
Butternusskürbis mit Rosmarin und Schnittlauchquark 95

Caesar Salad mit Maishuhn und Croûtons 46
Carpaccio vom Kalb mit Rucola und Senfvinaigrette 62
Ceviche vom Schwertfisch mit Mango und Paprikamix 71
Chicken Drumsticks mit Ingwermarinade
 und Mango-Sesam-Dip 109
Coulant au Chocolat 155
Couscous mit Pimentos, Schmorwurzelsud
 und Kuhmilchkäse 89
Crostini mit Roquefort-Birnen, Haselnuss und Lardo 60

Dorade im Pergament mit Schmorgemüse und Basilikum 128

Entenconfit mit Gewürzlinsen und Orangenjus 106
Entenrillette mit Kumquatchutney und Grillbrot 66

Gambas al Ajillo mit Chili und Zitrone 50
Gazpacho mit Erdbeeren, grünem Pfeffer und Mascarpone 159
Gelbe Gazpacho mit Riesengarnelen, Avocado und Mango 28
Grießsoufflé mit roten Früchten und Vanillesauce 146

Joghurtespuma mit Kirschen und Streuseln 156

Kabeljau mit Boudin noir, Champagnerkraut
 und Petersiliencreme 133
Kalbskotelett mit Tomatenkompott und Artischocken 116
Kartoffeltortilla mit Manchego und bunten Tomaten 56
Knoblauchsuppe mit dicken Bohnen und Räucherforelle 37
Kürbissuppe mit Pfifferlingen, Ricotta und Salbei 23

Lachspraline mit Coleslaw und Granatapfel 72
Lammkebab mit Baba Ganoush, Räucherpaprika
 und Kichererbsen 122
Linsensuppe Oriental Style mit Ducca und Mango 39
Loup de Mer mit Caponata Style Salad und Ciabattachips 130

Maispoularde mit Buchenpilz-Quinoa
 und Rote-Bete-Vinaigrette 103
Meatballs mit Schmortomatensugo und Basilikum 110
Minestrone mit Safran und Parmesan 27
Mixed Pickles im Ingwersud 65
Muscheltopf provençal mit Bouchot und Safran 141

Orecchiette mit Salsiccia, Tomatensugo und Kräutern 68

Pannacotta mit Vanille, Mangotopping und Minze 152
Pappardelle mit Waldpilzen und Kirschtomaten 84
Pestokartoffeln mit Ochsenherzentomaten
 und Zitronenfrischkäse 90
Pistazienparfait mit Schokosüppchen und Pfirsich 151
Pulposalat mit Passionsfruchtöl und Chorizochips 81

Ratatouille mit Risoni und Hartkäsecrunch 94
Rinderbacke mit Quitte und Selleriezweierlei 120
Rinderfilet mit Steinpilzen, Frühlingszwiebeln
 und Süßkartoffeln 118
Roastbeef Thai Style mit Koriandergrün und Erdnüssen 78
Rucolasalat mit Basilikum, Serranoschinken und Grillpfirsich 55

Salat niçoise mit Wachtelei und Thunfisch 45
Seeteufel Mar y Montana mit Chorizo und Vongole 138
Selleriecremesuppe mit Beef Tatar, Roter Bete,
 und Selleriechips 34
Sellerieschnitzel mit BBQ-Preiselbeeren und Römersalat 96
Selleriesotto mit Amarettini und Mascarpone 86
Spareribs mit Hoisinlack und Bohnenpaste 114
Spargelsalat mit Pfefferlachs, Kräutersenf und Brunnenkresse 42
Steinbutt mit Pulpo und Zucchiniperlen 127
Süßkartoffeln mit Guacamole und Gewürzsalz 52

Taboulé mit Gurkenayran und Minze 99
Tarte mit Maracuja, Vanille und Sahne 160

Vichyssoise mit Artischocken und Knoblauchchips 24

Wachtelbrust mit Speckvinaigrette und Erbsenpüree 104
Waldorfsalat mit Dinkelcrunch und Bresaola 76

ÜBER NILS EGTERMEYER

Nils Egtermeyer wurde 1983 in Rheine, Nordrhein-Westfalen, geboren. Seine Ausbildung zum Koch hat er im Relais & Châteaux Waldhotel Krautkrämer in Münster absolviert (2000–2003).

Er ist Fernsehzuschauern insbesondere durch die Sendung „Die Kochprofis" bekannt, wo er zusammen mit Ole Plogstedt, Andi Schweiger und Frank Oehler auf Reise durch die Nation geht und Restaurants unter die Lupe nimmt.

Von April 2012 bis Anfang 2016 zeichnete Nils Egtermeyer als Küchenchef für das Hamburger Restaurant „Jellyfish" verantwortlich, das sich auf Fisch und Seafood ausschließlich aus Leinenfang spezialisiert hat. Innerhalb kürzester Zeit machte Nils das „Jellyfish" zum absoluten Hotspot als Gourmet-Fischrestaurant in Hamburg und wurde mehrfach ausgezeichnet. Nils verlässt das Jellyfish auf eigenen Wunsch und gründet „Zu Tisch mit..." eine kulinarische Eventreihe hoch über den Dächern Hamburgs. Zweimal im Monat lädt er zur Küchenparty ein, um begeisterten Hobbyköchen und Genießern einen Blick in seine Töpfe zu ermöglichen.

Die mediterrane Küche lernte Nils insbesondere während seiner Zeit auf Mallorca kennen, bei Stationen wie dem „Es Fum" (1 Michelin-Stern) im St. Regis Mardavall Resort, im „Bhaccus" (1 Michelin-Stern) des Read's Hotel Santa Maria und im „Simply Fosh" von Marc Fosh. Seitdem legt er bei seinen Kreationen gern den Fokus auf Fisch und Meeresfrüchte. Am wichtigsten ist ihm jedoch stets, dass Genuss ungezwungen sein soll, frei nach dem Motto „Kochen macht Spaß!"

Dank

Ich danke meiner ganzen Familie, besonders meiner Mama, Beate Egtermeyer, meiner lieben Freundin, Elisabeth Geier, allen jungen Köchen, die mir bis dato loyal zur Seite standen und mit mir zusammen tolle Dinge auf die Beine gestellt haben. Und nicht zu vergessen meine Lehrmeister.

IMPRESSUM

1. Auflage

© 2017 by Südwest Verlag, einem Unternehmen der Verlagsgruppe Random House GmbH, Neumarkter Straße 28, 81673 München

Hinweis:

Jegliche Verwertung der Texte und Bilder, auch auszugsweise, ist ohne die Zustimmung des Verlags urheberrechtswidrig und strafbar. Der Verlag weist ausdrücklich darauf hin, dass im Text enthaltene externe Links vom Verlag nur bis zum Zeitpunkt der Buchveröffentlichung eingesehen werden konnten. Auf spätere Veränderungen hat der Verlag keinerlei Einfluss. Eine Haftung des Verlags ist daher ausgeschlossen. Die Informationen in diesem Buch sind von Autor und Verlag sorgfältig geprüft, dennoch kann eine Garantie nicht übernommen werden. Eine Haftung des Autors bzw. des Verlags und seiner Beauftragten für Personen-, Sach- und Vermögensschäden ist ausgeschlossen.

Bildnachweis:
Bildredaktion: Bele Engels
Leitung Fotoproduktion: Bele Engels
Haare & Make-up: Karolina Löwe
Styling und Propstyling: Anne Beckwilm
Models: Elisabeth, Nils, Sebastian
Alle Fotos Peopleshooting und Cover: Christian Kerber; Fotoassistent: Robert Schlossnickel
Foodfotos und Foodstills S. 12/13, S. 48, S. 82, S. 92, S. 115: Christian Kerber
Alle Fotos Rezepte plus Aufmacher und Cover: Maria Grossmann & Monika Schürle; Foodstyling: Torsten Schmidt

Redaktionsleitung: Silke Kirsch
Projektleitung: Eva Wagner
Redaktion: Ulrike Kraus
Korrektorat: Dr. Ulrike Kretschmer

Umschlaggestaltung: OH, JA! (www.oh-ja.com)
Layout & Satz: OH, JA! (www.oh-ja.com)

Reproduktion: Mohn Media Mohndruck GmbH, Gütersloh
Druck und Bindung: Těšínská tiskárna, Český Těšín
Printed in the Czech Republic

Verlagsgruppe Random House FSC® N001967

ISBN 978-3-517-09512-7